미국에서
기 죽지 않는
쓸만한
영어

문제해결 필수
배틀회화

"안녕하세요.
쓸만한 영어의
Sophie Ban입니다."

'미국에서 기죽지 않는 쓸만한 영어(애칭: 기쓸영^^)' 1권 '일상생활 필수 생존 회화'를 낸 것을 시작으로 그로부터 딱 1년이 되는 지금, 기쓸영 시리즈의 마지막 편인 3권 '문제해결 필수 배틀회화'로 이렇게 다시 인사드리게 되었습니다. 아무래도 3권 '배틀회화'가 기쓸영 시리즈를 마무리하는 책이다 보니 머리말을 쓰는 이 순간 지나 온 시간들을 더 뒤돌아보며 추억에 잠기게 되는 것 같습니다.

어린 시절 영어 공부가 공교육 과정에 속하지 않았던 때를 보냈고, 억지스런 사교육을 싫어했던 성격 탓에 영어에 대한 불타는 호기심 하나만으로 무작정 영어를 해 보겠다며 말도 안되는 소리로 읽어 봤던 영어로 된 샴푸와 비누 포장지 이름들, 꼬부랑 영어 글씨가 적혀 있던 수입 과자 봉지와 엄마가 마셨던 커피 이름, TV 광고, 가게 간판을 눈이 빠져라 쳐다보며 읽었던 때는 지금도 제가 영어를 처음 만나 설레었던 순간들로 기억됩니다. 그리고 한때 '미국 방송'이라 불렸던 주한 미군 방송인 AFKN 방송에 나온 나와는 다르게 생긴 사람들의 말소리와 행동을 보면서 느꼈던 신기함과 재미도 속속들이 떠올라 웃음이 납니다. 그렇게 영어를 좋아하던 꼬마는 어느덧 성인이 되어 영어 강사와 통역사가 되었고, 그렇게 영어는 제 인생의 대부분을 함께 한 친구나 다름없었습니다. 하지만 비원어민으로서 영어를 배우며 채워지지 않았던 갈증은 아이러니하게도 영어를 더 많이 접하면 접할수록 더 심해졌습니다.

영어로 하고 싶은 말, 그리고 나누고 싶은 생각과 감정들은 머릿속에 넘쳐나는데 이에 해당하는 영어 표현들이 책이나 매체로 검증되지 않았거나 구글에서 찾아볼 수 없었을 땐 그 불확실성 때문에 막상 자신 있게 영어를 내뱉지 못했고, 이런 제 모습을 보며 이것은 결국 부족한 나의 실력 때문이라는 결론에 도달하게 되었습니다. 따라서 이러한 부족함을 채우기 위해선 영어를 쓰는 사람들의 생활과 문화 속으로 들어가 직접 부딪히고 깨지는 방법밖에 없다는 사실을 깨닫게 되었고, 이를 계기로 저는 미국땅을 밟게 되었습니다.

그렇게 미국 현지로 건너가 통역사 자격증을 다시 취득한 후 통역 및 영어를 가르치는 일을 하면서, 저는 저를 포함한 미국에 거주하는 한국 사람들이 영어에 대해 공통적으로 느끼고 있는 감정과 극복해야 할 문제가 무엇인지 알게 되었고, 모든 환경이 100% 영어로 둘러싸인 미국에 산다 하더라도 내 자신이 스스로 이 환경에 얼마나 적극적으로 뛰어드는지가 영어를 배우는 데 있어 최대 관건이라는 사실을 알게 되었습니다. 따라서 저는 제가 미국 현지에서 직접 부딪히며 겪었던 경험들을 바탕으로 미국뿐 아니라 전 세계에 있는 영어를 배우고자 하는 모든 한국 분들에게 도움이 되고 싶었습니다.

그러던 중 저는 YouTube라는 매체를 만나 이곳에 '쓸만한 영어'라는 채널을 열어 미국 생활 및 문화를 소개하고, 실제 이에 해당하는 대화 상황까지 보여 주며 영어를 알려드리게 되었습니다. 그리고 그렇게 소개된 영상들이 쌓이고 쌓여 '미국에서 기죽지 않는 쓸만한 영어' 1권(일상생활 필수 생존회화: 기본적인 생활을 영위하는 데에 필수적인 영어회화), 2권(사회생활 필수 인싸회화: 미국인들과 인간관계를 맺고 어울리는 데에 필수적인 영어회화), 그리고 마지막 3권(문제해결 필수 배틀회화: 각종 문제 상황부터 부당 대우 및 차별 대우에 대처할 때 필수적인 영어회화)을 이렇게 여러분께 소개해 드리게 되었습니다.

사실, 그 누군가의 삶이 되었든 문제가 없는 삶이란 없습니다. 내 모국어를 쓰는 내 나라에서도 문제는 늘 있기 마련이고, 이런 일들이 우리의 골치를 아프게 만들죠. 그래도 내 나라에서의 문제는 내 나라의 생활과 문화와 언어를 알기 때문에 잘 해결할 수 있습니다. 따라서 영어권 국가에서 비원어민인 우리가 문제를 맞닥뜨렸을 때에도 미국 생활과 문화에 대한 배경지식이 있어야 문제를 제대로 파악할 수 있고, 미국의 언어인 '영어'를 할 줄 알아야 문제를 잘 해결할 수 있습니다. 제가 실제 현지에서 통역을 나가고 강의를 하며 함께했던 모든 분들 역시 이처럼 문제를 맞닥뜨렸을 때 영어의 필요성을 뼈저리게 느끼게 되었다고 합니다.

미국행 비행기를 타는 순간 공항 및 기내에서 겪는 문제, 에어비앤비, 호텔, 식당, 카페, 미용실, 택배 회사, 병원, 은행, 보험사와 같은 서비스 제공 업체에서 겪게 되는 문제, 그리고 이웃이나 지인, 직장 상사와 겪게 되는 문제, 그리고 경찰이나 응급 요원들의 도움이 필요한 응급 상황 등 우리가 겪을 수 있는 문제는 정말 많습니다. 하지만 이제까지 나온 수많은 영어 교육 및 회화 책들은 우리가 살면서 맞닥뜨릴 수 있는 이러한 문제 상황에 대처하고 해결하는 데에 필요한 영어는 간과해 왔습니다.

물론 기본적인 생활과 직결되는 생존 영어 및 원어민들과 인간관계를 맺고 어울리는 데 필요한 사회생활 영어도 우리가 알아야 할 필수적인 영어가 맞는 것은 틀림없지만, 가장 중요한 현실 영어는 내 발등에 떨어진 문제부터 해결할 줄 아는 영어입니다. 그리고 이는 결국 앞서 말한 생존 영어 및 사회생활 영어의 근간이 될 것입니다.

처음 1권을 쓸 때부터 제가 항상 기도하며 바랐던 것은 제 책이 저처럼 현실적인 영어에 목말라했던 분들께 갈증 해소제이자 소통의 디딤돌, 마음의 의지가 되었으면 하는 것이었습니다. 아직 저 스스로도 평생 동안 영어를 계속해서 배워야 하는 사람이지만, 이렇게 조금이나마 누군가에게 힘이 되고 싶다는 꿈을 갖고 그 꿈을 이룰 수 있게 되어 행복합니다.

그리고 이렇게 할 수 있었던 것은 제 영상을 보며 댓글과 이메일로 한결같이 응원해 주신 구독자 분들과 제 뜻을 이해하고 제 꿈을 이룰 수 있도록 뒷받침이 되어 준 남편, 바쁘다는 핑계로 많이 놀아 주지 못한 엄마를 오히려 웃게 하고 토닥거려 준 사랑하는 리아와 아리, 그리고 철없는 딸의 의견과 결정을 존중하고 지지해 주신 부모님과 영어에 대한 조언을 아낌없이 해 준 둘도 없는 소중한 친구 Liz Williams, 이렇게 모두의 힘이 모인 덕분이었습니다. 또한 기쓸영 시리즈가 하나의 세트로 멋지게 세상에 나올 수 있도록 꼼꼼히 살펴 주며 저를 이끌어 주신 시대교육의 심영미 팀장님께도 깊은 감사를 드립니다.

우리 한국인들이 영어를 쓰는 나라에 갔을 때, 그 어떤 문제에 부딪힌다 해도, 그리고 영어와 낯선 문화라는 걸림돌에 부딪힌다 해도 무너지지 않고 나의 목소리를 당당히 낼 수 있는 힘을 기르는 데 이 책이 도움이 되기를 간절히 바랍니다.

로스앤젤레스에서

Sophie Ban

**"여러분은
미국에서
맞닥뜨리게 되는
아래와 같은 상황에서
영어로 당당하게
항의하실 수 있나요?"**

- ☑ 항공사로부터 일방적인 탑승 거부를 당했을 때
- ☑ 기내에서 뒷좌석에 있는 승객이 자꾸 내 의자를 발로 찰 때
- ☑ 에어비앤비 주인이 바가지를 씌워 숙소비를 청구했을 때
- ☑ 비싼 호텔 룸서비스를 시켰는데 아무리 기다려도 오지 않을 때
- ☑ 식당에서 밥을 먹는데 내 접시에서 머리카락이 나왔을 때
- ☑ 카페 직원들끼리 눈을 찢어 올리는 행동을 하며 동양인을 조롱했을 때
- ☑ 마트에서 장을 봤는데 할인 품목에 할인가가 적용되지 않았을 때
- ☑ 미용사가 파마와 염색을 잘못해서 머릿결이 심하게 손상됐을 때
- ☑ 집배원이 물건이 너무 무겁다며 배송을 해 줄 수 없다고 했을 때
- ☑ 예약을 하고 진료를 받으러 갔는데 진료 대기 시간이 너무 길 때
- ☑ 은행 직원이 내 영어를 못 알아듣는 척하며 무례하게 행동했을 때
- ☑ 보험사의 늦장 대응으로 인해 손해를 볼 가능성이 커졌을 때
- ☑ 옆집이 밤늦게까지 파티를 해서 도저히 쉴 수가 없을 때
- ☑ 직장에서 초과 근무 수당도 주지 않고 휴일 근무를 시켰을 때
- ☑ 만날 때마다 자꾸 돈을 빌려 달라고 하는 친구가 있을 때

자,
여러분이 영어로 잘 말할 수 있는 상황은
몇 가지나 됐던 것 같나요?

만약 앞서 나온 상황에서
절반도 영어로 제대로 말하지 못했다면,
여러분은 지금까지

"죽은 영어"

를 배운 것입니다.

미드를 보며
멋있는 표현, 재미있는 표현을 배우기 전에
우리가 가장 먼저 배워야 할 것은
원하는 것을 말하고, 요구하고, 쟁취할 수 있는

"쓸만한 영어"

가 아닐까요?

자, 그럼 이제부터 죽은 영어를 벗어나
진짜 쓸만한 제대로 된 영어,
한번 시작해 봅시다!

"**이 책은**
이렇게
공부하시면 됩니다."

1

각종 문제 상황 해결부터 911 신고까지!
17가지 주제별 '배틀회화' 학습

공항, 기내, 숙소, 식당, 카페, 쇼핑몰, 미용실, 택배사, 병원, 금융사, 보험사와 같은 각종 서비스 제공 업체에서 겪게 되는 문제 상황 및 이웃, 직장 상사, 지인과 부딪히며 겪게 되는 문제, 그리고 각종 사건 사고를 911에 신고하는 문제까지 영어로 당당히 말하며 해결할 수 있는 능력을 기르도록 합니다.

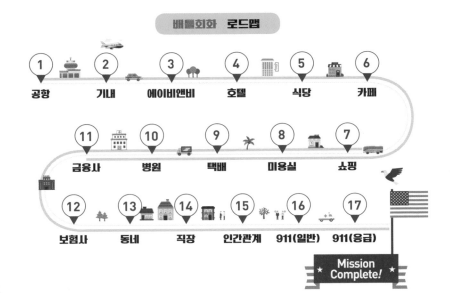

배틀회화 로드맵

| 1 공항 | 2 기내 | 3 에이비앤비 | 4 호텔 | 5 식당 | 6 카페 |

| 11 금융사 | 10 병원 | 9 택배 | 8 미용실 | 7 쇼핑 |

| 12 보험사 | 13 동네 | 14 직장 | 15 인간관계 | 16 911(일반) | 17 911(응급) |

Mission Complete!

2 한국과는 다른 미국 문화 & 이에 맞는 문제 해결법 배우기

미국에선 '목소리 큰 사람이 이긴다'가 통하지 않기 때문에 큰소리로 항의하면 되려 가해자 취급을 당할 수 있고, 직원들은 손님을 '친구'처럼 접대하기 때문에 왕처럼 갑질했다간 오히려 쫓겨날 수 있습니다. 따라서 배틀회화를 학습하기 전 이 같은 미국 문화 및 이에 맞는 문제 해결법을 익히도록 합니다.

심한 갑질은 NO!
& 나쁜 서비스엔
팁 안 줘도 OK!

과 동등한 관계이다.

'라는 개념은 거의 통하지 않습니다. 물론 돈
은 가장 중요한 존재임에 틀림없을 것입니다.
해 쇼핑을, 마켓, 미용실 등 어느 업장에서든
지는 않습니다. 왕보다는 오히려 친구처럼 동
받을 때가 더 많죠. 한국에서는 고객에게 깍듯
하는 듯한 서비스를 하는 것이 일반적이지만
같은 친근한 태도'로 접대하는 것이 일반적

나쁜 갑질은 금물!

들은 손님과 동등한 위치에서 친구처럼 small
한 태도로 손님을 접대합니다. 그렇기 때문에
을 하거나 진상 짓을 하게 되면 직원이 서비
. 내보내거나 심하면 경찰에 신고까지 할 수
선 직원에게 왕처럼 행세하러 들어서는 안 되
는 짓을 하면 쫓겨나거나 경찰이 올 수도 있으

않아도 OK!

'을 주는 문화가 있습니다. 팁의 액수는 법으
원의 서비스 질에 따라 손님이 자율적으로 금
음엔 영수증 금액에 팁까지 미리 포함되어 계
.랜데 정말 불쾌한 기분이 들 정도로 불친절한
을 어떻게 해야 할까요? 이럴 맨 굳이 팁을 다
주지 않아도 괜찮습니다. 팁은 좋은 서비스에 대한 감사함을 표하는 것이기
때문에 '좋은 서비스엔 좋은 팁, 나쁜 서비스엔 나쁜 팁을 주면 된다고 생각
하시면 됩니다.

3
미국에서 가장 빈번히 겪게 되는
102개 문제 상황별 대처 표현 & 대화문 학습

실제 미국 거주민들에게서 수집한 한국인들이 미국 내에서 가장 빈번히 겪는
문제 상황 102개를 엄선하여 이에 대한 효과적인 문제 해결법, 그리고 대처
영어 표현들 및 예상 대화문을 학습합니다. (mp3 청취 포함)

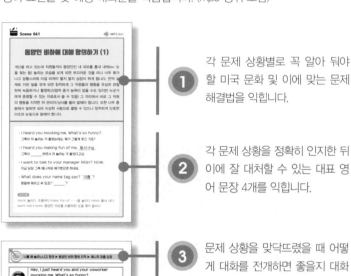

1 각 문제 상황별로 꼭 알아 둬야 할 미국 문화 및 이에 맞는 문제 해결법을 익힙니다.

2 각 문제 상황을 정확히 인지한 뒤 이에 잘 대처할 수 있는 대표 영어 문장 4개를 익힙니다.

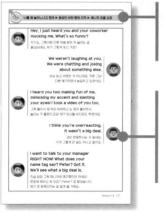

3 문제 상황을 맞닥뜨렸을 때 어떻게 대화를 전개하면 좋을지 대화 흐름을 파악합니다.

4 대화 흐름을 파악한 후 앞서 숙지한 대표 영어 문장 4개 및 관련 문장들로 구성된 대화문을 보며 각 문제 상황에 영어로 대처하는 연습을 합니다.

4 스스로 대화문을 만들어 보며 배운 내용 복습해 보기

각 Mission을 끝낸 뒤엔 배운 표현들을 활용해 스스로 대화문을 만들어 봅니다. 이렇게 하면 배운 내용이 머릿속에 오래 남고, 스스로 영작하는 실력도 향상됩니다.

5 400여 개의 쓸만한 영어 표현 한눈에 훑어 보기

모든 학습을 종료한 후엔, 교재 마지막에 모아 놓은 '쓸만한 배틀회화 영어 표현 400여 개'를 다시 한번 훑어보며 배운 내용들을 제대로 기억하고 있는지 체크해 봅니다.

6

Sophie Ban 선생님의
유튜브 강의 보기

상단의 QR코드 스캔 시 유튜브 강의 채널로 이동

쓸만한 영어_식당에서 쓸 수 있는 영어/영어공부/영어회화
조회수 67만회 · 2년 전

쓸만한영어- 서브웨이 샌드위치 주문하기 _Ordering Subway...
조회수 35만회 · 2년 전

쓸만한 영어_스타벅스 커피 DriveThru_단체 커피주문_커피원두를...
조회수 64만회 · 2년 전

쓸만한 영어 - 영어 인사 받아치기 영어표현 /영어공부/영어회화
조회수 28만회 · 1년 전

쓸만한영어 - 입국심사 때 쓸 만한 영어 (심사 태도에 대한 팁) / 영…
조회수 48만회 · 2년 전

쓸만한 영어 - 호텔에서 쓸 수 있는 영어/영어 공부/영어 회화
조회수 28만회 · 2년 전

본 교재는 약 30만 명의 구독자를 보유하고 있는 저자 Sophie Ban 선생님의 Youtube 채널 '쓸만한 영어'의 동영상 콘텐츠를 함께 시청하시면 더욱 효율적입니다. 교재와 함께 미국 현지에 있는 저자의 생생한 목소리로 다양한 상황별 미국 문화 및 영어 표현들을 직접 듣고 배우며 보다 효율적인 학습을 체험해 보세요.

7

생존회화, 인싸회화, 배틀회화, 3권 학습으로 쓸만한 영어 완벽 마스터!

'미국에서 기죽지 않는 쓸만한 영어'는 ① 일상생활 필수 [생존회화] ② 사회생활 필수 [인싸회화] ③ 문제해결 필수 [배틀회화], 이렇게 총 3권으로 구성된 시리즈 도서입니다. 따라서 1권부터 3권까지 단계별로 학습하게 되면 미국 생활에 적응하는 것부터 시작해 미국인들과 인간관계를 형성하고 각종 문제 상황에 지혜롭게 대처하는 것까지, 필요한 거의 모든 것을 습득할 수 있습니다.

일상생활 필수
생존회화

사회생활 필수
인싸회화

문제해결 필수
배틀회화

미국 입국부터 시작해 일상생활 적응에 필수적인 기초 영어회화 학습

미국인들과 원만한 인간관계를 형성하는 데에 필수적인 영어회화 학습

미국에서 겪는 각종 문제 상황에 똑 부러지게 대처할 수 있는 영어회화 학습

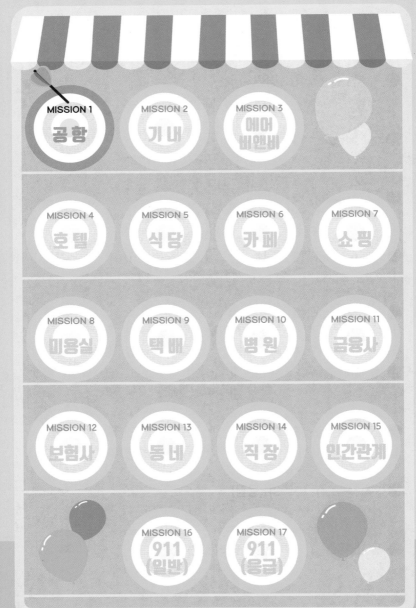

MISSION

1

공항

문화
엿보기

항공사의
Overbooking &
탑승 거부 문제

▶ **Overbooking이란?**

Overbooking(초과 예약)이란 것은 항공사 측에서 예약해 놓고 나타나지 않을 가능성이 있는 승객들까지 감안해 실 좌석 수보다 더 많은 티켓을 판매하는 것인데, 종종 최종 탑승객 수가 실 좌석 수를 초과해 일부 승객들이 탑승 거부를 당하는 일이 생기곤 합니다. 이런 경우 황당한 것도 황당한 것이지만 항공사 직원에게 항의하다 속 시원한 해결책도 못 찾은 채 낙동강 오리알 신세가 될 수도 있으며, 특히 비싼 항공권 비용과 숙박비에 대한 금전적 손실 및 계획했던 일정이 어그러지는 시간적 손실 등이 동반되는 꽤 심각한 문제가 될 수 있습니다.

▶ **Overbooking으로 결국 탑승 거부를 당했다면?**

만약 Overbooking으로 탑승 거부를 당했다면 (1) 목적지까지 최대한 빨리 갈 수 있는 다른 항공편이 있는지 묻고, (2) 손해(ex: 원래 항공편이 대체 항공편보다 비쌌을 경우 발생하는 차액, 선지불한 숙박비, 일정이 어그러지면서 발생하게 된 손실 등)에 대한 배상 및 다음 항공편을 기다릴 때까지 드는 식사비나 숙박비에 대한 배상을 요구하도록 합니다. 배상에 대한 절차나 범위는 항공사마다 규정에 차이가 있을 수 있으니 항공권을 구매할 때부터 관련 사항을 미리 파악해 두는 것이 좋으며, 이 같은 문제가 발생했을 땐 목소리를 분명하게 내야 내 권리를 제대로 찾을 수 있고 이와 함께 관련 배경 지식 및 필요한 영어 능력을 미리 갖추어 놔야 나를 제대로 보호할 수 있습니다.

▶ **모든 항공사가 Overbooking을 적용하진 않는다.**

참고로 모든 항공사가 Overbooking 시스템을 적용하는 것은 아닙니다. 그리고 일부 항공사의 경우 승객이 온라인으로 미리 좌석을 예약하지 않았을 땐 공항에 도착하여 체크인하는 순서, 즉 '선착순'에 따라 발권을 합니다. 따라서 비행기가 출발하기 최소 2시간 전에 도착해서 발권을 받으면 비행기를 원하는 시간대에 탈 수 있습니다.

Overbooking에 대해 항의하기

'Overbooking(초과 예약)'이란 것은 앞서 배웠듯이 항공사가 나타나지 않을 승객에 대비해 실 좌석 수보다 더 많은 좌석을 예약 판매하는 것을 뜻하는데, 이로 인해 종종 최종 탑승 인원이 실 좌석 수를 초과해 버리는 일이 생기곤 합니다. 이런 경우 항공사가 초과된 인원 수에 해당하는 승객들의 탑승을 거부하고 이들을 다른 비행기에 옮겨 타게 만들 수 있는데, 이럴 땐 'I can't miss this flight.(저 이번 비행기 놓치면 절대 안 돼요.)'라고 적극적으로 어필하며 'Get me on any flight as long as I get to ~.(~에만 간다면 어떤 항공편이든 좋으니 탑승시켜 주십시오.)'라고 요구하는 것이 좋습니다.

- **We bumped you to a different flight.**
  저희 측에서 고객님을 다른 항공편으로 옮겨 드렸습니다.

- **The flight is overbooked.**
  항공기 예약이(예약 인원이) 초과되었습니다.

- **I can't miss the flight.**
  저 이번 비행기를 놓치면 절대 안 돼요.

- **Get me on any flight as long as I get to** <u>장소</u> **.**
  _____에만 간다면 어떤 항공편이든 좋으니 탑승시켜 주십시오.

 VOCAB

bump A to B A를 B로 보내다 overbook 초과 예약하다 first come first served 선착순 (여기서는 '먼저 온 승객부터 탑승한다'는 의미)

**I'm afraid that
we bumped you
to a different flight.**

죄송하지만 저희 측에서 고객님을
다른 항공편으로 옮겨 드렸습니다.
(= 다른 항공편을 이용하셔야 합니다.)

**What are you
talking about?**

그게 무슨 말씀이세요?

**We apologize.
The flight is overbooked.**

정말 죄송하네요.
항공기 예약 인원이 초과되었습니다.

**I can't miss this flight.
Get me on any flight
as long as I get to
LA by tomorrow!**

저 이번 비행기 놓치면 절대 안 돼요.
내일까지 LA에만 간다면 어떤 항공편이든
좋으니 탑승시켜 주십시오.

**Sorry,
it's first come first served.**

죄송하지만,
먼저 온 승객부터 탑승시켜 드려야 합니다.

다른 항공편을 찾아 달라고 요구하기

Overbooking으로 탑승 거부를 당하면 일정에 차질이 빚어지거나 예약해 놓은 호텔을 취소하게 되는 등 손해가 발생할 수 있는데요. 이 같은 손해를 막기 위한 방법 중 하나는 최대한 빨리 출발할 수 있는 다른 항공편을 알아 봐 달라고 요청하는 것입니다. 참고로 이를 영어로 요청할 땐 한국어처럼 '태워 달'고 말하기보다는 'When is the soonest I can be in ~?(~에 가장 빨리 도착할 수 있는 건(항공편은) 뭔가요?' 와 같이 말하면 되며, 원래 항공편이 비싼 '직항(direct flight)'이었는데 대체 항공편이 경유지를 거치는 것이라면 직항을 타게 해 달라는 요청까지 해야 손해를 피할 수 있습니다.

- When is the soonest I can be in 목적지 ?

  _____에 가장 빨리 도착할 수 있는 건 뭔가요?

- Can you make sure that I get on 교통편 ?

  확실히 _____을 탈 수 있게 해 주시는 거죠?

- We don't have any seats available.

  탑승 가능한 좌석이 하나도 없습니다.

- I'm supposed to 동사 in 장소 .

  저 _____에서 _____하기로 되어 있다고요.

VOCAB

available 이용(탑승) 가능한 air line 항공사 be supposed to ~ ~하기로 되어 있다 attend a meeting 회의에 참석하다

**When is the soonest
I can be in LA?**

LA에 가장 빨리 도착할 수 있는
건(항공편은) 뭔가요?

**Let me check
if there is a seat available
on the other air lines.**

제가 다른 항공사에 탑승 가능한
좌석이 있는지 확인해 보겠습니다.

**Can you make sure
that I get on
another direct flight?**

다른 항공편도 확실히 직항을
탈 수 있게 해 주시는 거죠?

**I'm sorry sir,
we don't have any seats
available right now.**

죄송합니다 고객님,
지금 현재 탑승 가능한 좌석이
하나도 없습니다.

**I'm supposed to attend
an important meeting
in LA tomorrow.**

저 내일 LA에서 중요한 회의에
참석하기로 되어 있다고요.

항공사 측에 손해 배상 청구하기

Overbooking 때문에 결국 예약했던 항공편을 못 타게 되면 앞서 말한 대로 일정에 차질이 빚어지고 호텔 예약 취소, 원래 항공편보다 더 싼 항공편을 타게 됐을 시의 차액 발생 등의 금전적 손실이 발생하게 됩니다. 이 같은 손해는 승객의 잘못이 아닌 항공사의 잘못이기 때문에 '차액(price difference) 환불, 호텔 취소에 따른 비용 보상, 기다리는 동안 식사를 해결할 수 있는 쿠폰(voucher) 제공, 일정이 어그러진 것에 대한 보상'과 같은 손해 배상을 항공사에 요구할 수 있고, 단 항공사마다 이에 대한 규정에 차이가 있을 수 있으니 항공권을 구매하기 전 꼼꼼히 확인하는 것이 좋습니다.

- I'm going to lose <u>명사</u> that I paid for.
  저는 이미 돈을 낸 _____을 손해 보게 될 거예요.

- Will you give me a voucher for <u>명사</u>?
  _____에 대한(상응하는) 쿠폰을 지급해 주실 건가요?

- I should be reimbursed for <u>명사</u>.
  _____을 배상 받아야겠어요.

- How will you compensate me for <u>명사</u>?
  _____에 대해서는 어떻게 보상해 주실 거죠?

VOCAB

lose (유/무형의 재산을) 잃다 voucher 쿠폰, 상품권 reimburse 배상하다 get a refund 환불 받다 compensate 보상하다

**I'm going to lose one day
of the hotel that I paid for.
Will you give me a voucher
for a hotel and food?**

저는 이미 돈을 낸 호텔의 하루 숙박비를
날리게 될 거예요. 호텔과 음식에
상응하는 쿠폰을 지급해 주실 건가요?

We offer a voucher for them.

그에 대한 쿠폰은 제공해 드립니다.

**I should be reimbursed
for the price difference
for the hotel and the ticket.**

호텔과 항공권에 대한 차액도
배상 받아야겠어요.

**You should get a refund
for the difference.**

차액은 환불 받으실 겁니다.

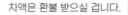

**That's not enough!
I'm going to lose a 1 million dollar
contract if I miss this flight
and the meeting. How will you
compensate me for that?**

그걸로는 충분치 않아요! 이번 비행기를 놓쳐서
회의에 참석하지 못하면 백만 달러짜리 계약을 놓치게
되는 거라고요. 거기에 대해선 어떻게 보상해 주실 거죠?

순서를 앞당겨 달라고 요청하기

발권을 하고 체크인 줄을 섰는데 줄이 너무 길고 탑승 시간이 얼마 안 남아 시간이 촉박하면 주변 요원(국제선은 CBP(Customs and Border Protection) 요원, 국내선은 TSA(Transportation Security Administration) 요원)에게 사정을 설명한 뒤 줄 앞쪽에 가게 해 달라고 요청해 보고, 요원이나 줄을 선 다른 승객들이 이를 허락해 줄 경우 빠르게 검사를 받고 통과할 수 있습니다. 덧붙여 요원에게 감사의 표시로 팁을 줘도 되는지 물을 수 있는데, 팁을 허락한다면 5~10달러 정도의 과하지 않은 팁을 주며 'You are saving my life.(덕분에 살았어요.)'와 같이 감사 인사를 하면 좋습니다.

- **Excuse me, I'm late for my flight.**
  실례합니다, 제가 비행기 시간에 늦어 가지고요.

- **Can you help me go to the front of the line?**
  줄 앞쪽으로 가게 해 주실 수 있나요?

- **My flight is leaving in 숫자 minutes.**
  제 비행기가 _____ 분 후에 출발해요.

- **Am I allowed to give you a tip?**
  제가 팁을 좀 드려도 될까요?

> **VOCAB**
>
> stand in line 줄을 서다 security check 보안 검사 boarding pass
> 탑승권 be allowed to V ~하는 것이 허용되다

**Excuse me, I'm late for my flight.
Can you help me go to the
front of the line?**

실례합니다, 제가 비행기 시간에 늦어 가지고요.
줄 앞쪽으로 가게 해 주실 수 있나요?

**You have to stand in line to go
through security check first.**

보안 검사를 거쳐야 하기 때문에
우선 줄부터 서셔야 합니다.

**My flight is leaving in 30 minutes.
It sucks if I miss the flight.
Can you help me, please?**

제 비행기가 30분 후에 출발해요.
비행기를 놓치면 정말 큰일 나거든요.
저 좀 도와주세요, 네?

**Let me see your boarding pass.
Follow me, come this way.**

탑승권을 제게 보여 주세요.
저 따라오세요, 이쪽으로 오시고요.

**Thank you so much!
You are saving my life!
Am I allowed to give you a tip?**

정말 감사합니다! 덕분에 살았어요!
제가 팁을 좀 드려도 될까요?

탑승 시간이 촉박할 때 도움 요청하기

'Last call'은 '마지막 탑승 안내 방송'을 뜻하며, 이 같은 마지막 안내 방송을 듣고 탑승하기까지 시간이 아슬아슬해 비행기를 놓칠 수 있는 문제 상황이라면 항공사 직원에게 'hold the plane(비행기를 잠시 대기 시킬)' 순 없는지 요청해 볼 수 있고, 또한 게이트까지 가기에 시간이 너무 촉박하면 직원에게 'give me a ride(나를 좀 태워 달라)'고 요청해 볼 수도 있습니다. 참고로 한 승객만을 위해 이렇게 다 해 줄 수 있는 것은 아니니 직원에게 요청할 땐 'Excuse me(실례합니다) / Would you mind V-ing?(~해 주시면 안 될까요?)'와 같이 정중한 어투로 말하는 것이 좋습니다.

- I heard the last call for my flight to 목적지 .
  제가 탈 _____행 비행기의 마지막 안내 방송을 들었어요.

- Is there any way you can 동사 ?
  _____해 주실 수 있는 방법 없을까요?

- I don't have time to run to my gate.
  제가 게이트까지 뛰어갈 시간이 없어서요.

- Would you mind giving me a ride?
  저 좀 태워다 주시면 안 될까요?

> **VOCAB**

make it 시간에 맞춰 가다(당도하다) hold the plane 비행기를 잡아(대기시켜) 놓다 cabin crew 승무원 give a ride 태워 주다

**I heard the last call
for my flight to Korea.**

제가 탈 한국행 비행기의
마지막 안내 방송을 들었어요.

**I'm sorry but you are
not going to make it.**

죄송하지만 탑승하지 못하시겠네요.

**Is there any way you can
get them to hold the plane?
I can't miss the flight.**

비행기를 잠시 대기시켜 놓게 해
주실 수 있는 방법 없을까요?
저 이 비행기 절대 놓치면 안 돼요.

**Ok. Let me try to
reach the cabin crew
on the plane.**

알겠습니다. 기내 승무원에게
연락을 취해 보도록 할게요.

**Excuse me, I don't have time
to run to my gate. Would you
mind giving me a ride?**

그리고 실례지만, 제가 게이트까지
뛰어갈 시간이 없어서요. 저 좀
태워다 주시면 안 될까요?

 **Scene 006**

비행기를 놓친 문제 상황 해결하기

비행기를 놓치는 이유는 크게 '(1) 늦잠이나 교통 체증과 같은 개인적인 사유, (2) 경유지를 거쳐 가는데 첫 번째 비행기가 연착되거나 환승 구간이 너무 멀어 비행기를 놓치는 불가항력적인 사유'로 나누어 생각해 볼 수 있습니다. 어떠한 이유가 되었든 비행기를 놓쳤을 땐 항공사 직원에게 무턱대고 '비행기를 놓쳤으니 다음 표를 달라'고 하기보다는 'What options do I have?(제게 무슨 대안(항공사가 제공하는 선택 사항들 중 내게 가능한 대안)이 있을까요?)'라고 예의 바르게 묻고 비행기를 놓친 이유를 설명하며 탑승 게이트의 위치 및 셔틀 이용 여부까지 확인하는 것이 좋습니다.

- I missed my flight. What options do I have?
  비행기를 놓치고 말았어요. 제게 무슨 대안이 있을까요?

- It happened because 주어+동사 .
  _____ 때문에 이런 일이 벌어졌어요.

- I had a very short connect.
  환승 시간이 너무 짧았습니다.

- I hope the gate isn't too far away.
  탑승 게이트가 너무 멀지 않았으면 좋겠네요.

VOCAB

option 선택 사항, 대안 connect (time) 환승 시간 rebook 다시 예약
하다 at no charge 추가 비용 없이

**I missed my flight.
What options do I have?**

비행기를 놓치고 말았어요.
제게 무슨 대안이 있을까요? (= 어찌해야 하죠?)

**Oh, I'm sorry, let me check
if I can put you
on the next flight.**

저런 안타깝네요.
고객님을 다른 항공편에 배정해 드릴 수
있을지 확인해 보겠습니다.

**It happened because
my first flight was delayed
and I had a very short connect.**

제 첫 번째 비행기가 연착되고 나서
환승 시간이 너무 짧아
이런 일이 벌어졌어요.

**I'll rebook you on the
next flight at no charge.**

추가 비용 없이 다음 항공편에
다시 예약해 드리겠습니다.

**I hope the gate isn't
too far away. And do I
have to take the shuttle?**

탑승 게이트가 너무 멀지 않았으면 좋겠네요.
그리고 셔틀 버스를 타야 하나요?

짐이 잘못 보내진 것에 대해 항의하기

목적지에 도착했는데 짐이 다른 곳에 잘못 보내진 경우, 해당 항공사의 'baggage claim(수하물 카운터)'로 가서 'My luggage didn't come out.(제 짐이 안 나왔어요.)'라고 말하면 됩니다('I lost my luggage.(제 짐을 잃어버렸어요.)'라고 하면 '나의 실수'로 잃어버렸다는 뉘앙스가 되니 주의). 그리고 짐이 없어 소지품을 사용할 수 없는 상황이기 때문에 옷가지/식사/필수품 등에 대한 보상을 요청해도 되며, 참고로 이 같이 짐이 분실될 경우에 대비해 체크인 시 짐과 여권에 붙여 주는 '바코드가 기록된 표식 번호 스티커(수하물을 추적하는데 중요한 역할)'를 잘 보관해야 합니다.

- **My luggage didn't come out.**
  제 짐이 안 나왔어요.

- **I've waited over 숫자 minutes(hours).**
  저 _____ 분(시간)도 넘게 기다렸어요.

- **Can you track where it is?**
  그게(제 짐이) 어디에 있는지 추적해 주시겠어요?

- **I want to file a claim.**
  저 클레임 걸고 싶습니다.

> **VOCAB** ------------------------------------
> luggage 짐. 수하물 pick up 찾아가다 track 추적하다 misroute 잘못된 경로로 부치다 file a claim 클레임(항의)을 걸다. 청구하다

**My luggage didn't come out.
I've waited over 30 minutes
and everyone picked up
their luggage already.**

제 짐이 안 나왔어요.
저 30분도 넘게 기다렸는데
모두들 자기 짐을 벌써 다 찾아갔다고요.

What flight were you on?

어떤 항공편에 탑승하셨나요?

**I was on 123 from Seoul to LA.
Can you track where it is?**

서울에서 LA로 오는 123편을 탔어요.
제 짐이 어디에 있는지 추적해 주시겠어요?

**Well, I'm afraid that
it is misrouted.**

아, 정말 죄송하게도
짐이 다른 곳으로 갔네요.

**I want to file a claim.
And will you give me some
compensation to buy
clothes and food in the mean time?**

저 클레임 걸고 싶습니다.
그리고 그사이 옷가지와 먹을 것을
살 수 있도록 보상은 해 주시는 거죠?

소지품을 분실했을 때 도움 요청하기

실수로 기내에 물건을 두고 내렸을 땐 관련 항공사의 체크인 카운터나 분실물 보관소에 가서 타고 온 항공편 및 분실물이 무엇인지 말하고, 이와 함께 물건을 맡기고 간 사람은 없는지 여부를 확인하면 됩니다. 참고로 'TSA Security(공항 검색)'이나 'Customs(국제선 세관 검색)'을 거칠 때 소지품을 두고 가는 경우도 많은데요. 이럴 땐 공항에서 분실물 및 검색 게이트 번호 등을 안내 방송으로 알려 주기도 하는데 만약 이러한 안내 방송을 듣지 못했다면 검색대 주변의 'TSA security/ agent(공항 검색 보안 요원)'이나 'CBP officer(관세 국경 보호청 직원)' 에게 도움을 요청하면 됩니다.

- I left __명사__ on the airplane I was on.
  제가 탑승했던 비행기에 _____을 두고 내렸어요.

- Can you check if someone turned it in?
  혹시 그거(분실물) 맡긴 사람은 없는지 확인해 주실 수 있나요?

- My flight was __항공편__ and I was sitting in __좌석__.
  제가 탄 비행기는 _____편이었고 전 _____번 좌석에 앉았어요.

- Can someone contact me if you find it?
  물건을 찾게 되면 누구라도 제게 연락해 주시겠어요?

VOCAB

leave 남기다, 두다 (leave-left-left) turn in 제출하다 (여기서는 문맥상 '맡기다'라고 해석) report 신고하다, 보고하다 contact 연락하다

**Hi, I left my cellphone
on the airplane I was on.
Can you check
if someone turned it in?**

안녕하세요, 제가 탑승했던 비행기에
휴대폰을 두고 내렸어요.
혹시 제 전화기를 맡긴 사람은 없는지
확인해 주실 수 있나요?

Sure, what flight were you on?

그럼요, 어떤 항공편에 탑승하셨나요?

**My flight was AA123
and I was sitting in B38.**

제가 탄 비행기는 AA123편이었고
전 B38번 좌석에 앉았어요.

**Can you give me a moment?
I'm sorry. We don't have
anything reported.**

잠시만 기다려 주시겠어요?
죄송합니다. 저희 측에 신고된 건
아무것도 없네요.

**Then, can someone
contact me if you find it?**

그럼, 물건을 찾게 되면
누구라도 제게 연락해 주시겠어요?

Review & Practice

① _____

고객님께 사과 드립니다. 항공기 예약 인원이 초과되었습니다.

_____ ②

(손님1) 내일까지 서울만 간다면 어떤 항공편이든 타게 해 줘요.

③ _____

죄송합니다, 현재 탑승 가능한 좌석이 하나도 없습니다.

_____ ④

(손님1) 그럼 전 돈을 낸 호텔의 하루 숙박비를 날리게 돼요.

⑤ _____

그에 대한 쿠폰은 저희가 제공해 드립니다.

_____ ⑥

(손님2) 전 비행기를 놓쳤어요. 환승 시간이 너무 짧아 이리 됐네요.

⑦ _____

추가 비용 없이 다음 항공편에 다시 예약해 드리겠습니다.

_____ ⑧

(손님3) 전 짐이 안 나왔어요. 짐이 어디 있는지 추적해 주실래요?

⑨ _____

아, 정말 죄송하게도 짐이 다른 곳으로 갔네요.

_____ ⑩

(손님3) 저 30분도 넘게 기다렸다고요. 저 클레임 걸고 싶습니다.

⑪ _____

죄송합니다, 잠시 기다려 주시겠어요? 어떤 항공편을 타셨죠?

_____ ⑫

(손님3) 저는 서울에서 LA로 오는 123편을 탔습니다.

정답

① We apologize to you. The flight is overbooked.

② Get me on any flight as long as I get to Seoul by tomorrow.

③ Sorry, we don't have any seats available right now.

④ Then I'm going to lose one day of the hotel that I paid for.

⑤ We offer a voucher for it.

⑥ I missed my flight. It happened because I had a very short connect.

⑦ I'll rebook you on the next flight at no charge.

⑧ My luggage didn't come out. Can you track where it is?

⑨ Well, I'm afraid that it was misrouted.

⑩ I've waited over 30 minutes. I want to file a claim.

⑪ I'm sorry, can you give me a moment? What flight were you on?

⑫ I was on 123 from Seoul to LA.

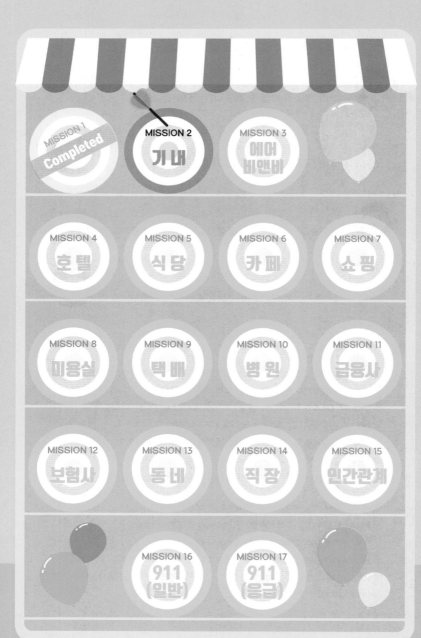

MISSION 2

기내

불편 사항은
적극적인 자세로
승무원에게 talk!

▶ 기내에서 겪게 될 수 있는 불편 사항들

기내는 장시간 동안 밀폐된 공간에 있는 것이니만큼 승객들 간에 지켜야 할 기본 예의란 것이 있습니다. 이를테면 시끄럽게 떠들지 않는다거나, 다른 승객의 공간을 침범하지 않는다거나, 불쾌한 냄새를 풍기지 않는다거나 하는 것이 기본 예의일 텐데요. 하지만 애석하게도 이런 기본을 지키지 못하는 승객들은 어디에나 존재하며, 특히 한국인인 우리가 다른 외국인 승객들로 인해 이런 불편함을 겪게 됐을 땐 이런 상황을 대체 영어로 어떻게 표현해야 할지, 그리고 이 같은 불편함을 직선적으로 표현해도 괜찮을지 고민하며 움츠러들수 있습니다.

▶ 움츠러들지 말고 '적극적인' 자세로 불편 사항 말하기

한국인들은 영어권 원어민들과 문제가 생기면 '너무 무례하게 보이면 어쩌나, 상대가 갑자기 화를 내면 어쩌나, 영어를 못한다고 무시하면 어쩌나'하는 걱정에 문제를 직접적으로 말하길 꺼리는 편입니다. 하지만 상대가 영어권 원어민이 아닌 같은 한국인이었다면 아마 적극적으로 문제점을 말하며 해결했을 것입니다. 따라서 우린 한국인에게 말할 때처럼 원어민에게도 '적극적인' 자세로 무엇이 문제인지 말하는 자신감이 필요합니다. 그리고 상대가 상식이 있는 사람이라면 문제에 대해 사과를 하고 더 이상 피해를 주지 않도록 조심할 것입니다.

▶ 어렵고 민감한 사항은 승무원에게 말하면 OK!

하지만 다른 승객은 일절 고려하지 않고 자기 편의만 챙기는 이기적인 승객들도 분명 존재합니다. 이런 경우엔 직접 얘기해서 문제를 해결하는 것이 어려울 수 있고, 기분 나쁜 실랑이만 벌이며 분위기만 안 좋아질 수 있습니다. 따라서 이럴 땐 승무원이 있는 곳으로 가서 문제가 되는 승객을 가리키며 조용히 문제점을 얘기하고 도움을 요청하는 것이 좋습니다. 그러면 대부분의 승무원들은 문제의 심각성을 인지한 뒤 불편 사항을 해결하기 위해 노력할 것입니다.

승무원에게 짐칸이 꽉 찼다고 말하기

기내에서도 도난 사고가 발생할 수 있기 때문에 짐은 최대한 가까운 곳에 두는 것이 좋습니다. 그런데 내 좌석 근처에 있는 짐칸들이 다른 이들의 짐으로 벌써 꽉 차 있다면 승무원에게 짐칸이 다 찼다고 말한 뒤 '짐이 내게서 멀리 안 떨어져 있었으면 좋겠다. 내가 잘 지켜볼 수 있는 자리에 짐을 놓고 싶다'와 같이 요청하면 승무원이 짐칸을 찾아 줍니다(참고로 가방의 크기에 따라 앞 좌석 아래에 두라고 할 수도 있음). 너무 까다롭게 따지는 것처럼 느껴질 수도 있지만 본인이 원하는 것을 예의 바른 태도와 말투로 말하면 미국인들은 이를 나쁘게 받아들이지 않습니다.

- Excuse me, this bin is full.
  실례합니다, 여기 짐칸이 꽉 찼네요.

- I have no room to put my ___명사___.
  제 _____을 넣을 공간이 전혀 없어요.

- I don't want my bag to be too far away from me.
  제 가방이 제게서 너무 멀리 떨어져 있지 않았으면 좋겠어요.

- Can you find a closer spot?
  좀 더 가까운 곳으로 찾아 봐 주실 수 있나요?

> **VOCAB** --
> bin (비행기 내) 짐칸 have no room to V ~할 공간이(여유가) 없다
> keep one's eye on ~ ~을 계속 지켜보다(주시하다)

Excuse me,
this bin is full.
I have no room to put my bag.

실례합니다,
여기 짐칸이 꽉 찼네요.
제 가방을 넣을 공간이 전혀 없어요.

Let me try to see
if there is space available
somewhere else.

다른 곳에 사용 가능한 공간이 있는지
제가 한번 찾아 보겠습니다.

I don't want my bag
to be too far away from me.
Can you find a closer spot?

제 가방이 제게서 너무 멀리
떨어져 있지 않았으면 좋겠어요.
좀 더 가까운 곳으로 찾아 봐 주실 수 있나요?

This is just three seats
behind you, would you mind?

딱 세 좌석 뒤쪽에 있는데,
괜찮으세요?

I'd rather put it
where I can keep my eye on it.

제가 잘 지켜볼 수 있는 자리에
짐을 놓는 게 좋을 것 같아요.

승무원에게 자리를 바꿔 달라고 하기

긴 비행 시간 동안 견디기 힘든 것 중 하나가 바로 내 주변 승객에게서 술 냄새, 강한 향수 냄새, 발 냄새 등 참기 힘든 불쾌한 냄새가 나는 것입니다. 이때 해당 승객에게 '그쪽 냄새가 나빠요'와 같이 직접적으로 말하면 인격 모독적인 언사로 느껴질 수 있으니 이럴 땐 승무원에게 'Can you switch my seat?(자리 좀 바꿔 주실 수 있나요?)'라고 조용히 부탁한 뒤 'My neighbor smells like ~.(제 옆 자리 승객이 ~한 냄새가 나서요.)'와 같은 말로 자리를 바꾸려는 이유를 설명하면 됩니다. 그러면 해당 승객의 기분도 안 상하게 하면서 자리도 바꿔 편히 갈 수 있게 되겠죠?

- **Can you switch my seat?**
  제 자리 좀 바꿔 주실 수 있나요?

- **My neighbor smells like alcohol.**
  제 옆 자리 승객이 술 냄새가 나요.

- **My neighbor is wearing strong cologne.**
  제 옆 자리 승객이 향수를 짙게 뿌렸어요.

- **The smell is making me feel nauseous.**
  냄새 때문에 속이 울렁거려요.

VOCAB

switch 바꾸다 smell like ~ ~한 냄새가 나다 cologne 향수 embarrass 난처하게 하다 feel nauseous 메스껍다, 울렁거리다

**Excuse me,
can you switch my seat
if there is an empty one
somewhere else?**

실례지만,
다른 곳에 빈자리가 있으면
제 좌석 좀 바꿔 주실 수 있나요?

Is there any problem?

무슨 문제가 있으신가요?

**My neighbor smells like
alcohol and is wearing
strong cologne too.**

제 옆 자리 승객이 술 냄새가 나고
향수도 짙게 뿌려서요.

**I'm sorry about that.
Let me see
what we can do for you.**

그것 때문에 힘드셨겠네요.
저희가 해 드릴 수 있는 게
뭐가 있는지 알아 보겠습니다.

**I don't want to embarrass him
but the smell is making me
feel nauseous.**

그분을 난처하게 하고 싶진 않지만
냄새 때문에 속이 울렁거려요.

승무원에게 시끄러워 힘들다고 말하기

내 주변에 있는 일부 승객들이 단체로 너무 시끄럽게 수다를 떨어 수면이나 휴식에 방해가 된다면 승무원에게 떠드는 무리를 가리키며 내 자리가 이들과 얼마나 가깝게 있는지(ex: right next to them(저 사람들 바로 옆)), 그리고 얼마나 오랫동안 그렇게 소음을 일으키고 있는지(ex: talk like that for hours(몇 시간째 저렇게 떠들다)) 설명한 다음 이를 혹시 해결해 줄 수 있는지 물어보면 됩니다. 이 같은 소음은 승무원들이나 다른 승객들에게도 충분히 방해가 될 수 있는 사안이기 때문에 이 같은 고충을 설득력있게, 구체적으로 설명하며 예의 바르게 문제 해결을 요청하면 됩니다.

- **Can you see the people chatting in a group?**
  무리 지어 떠들고 있는 저 사람들 보이시나요?

- **My seat is right next to them.**
  제 자리가 저 사람들 바로 옆이거든요.

- **They have been talking like that for hours.**
  저 사람들 몇 시간째 저렇게 떠들고 있어요.

- **Is there anything you can do for me?**
  어떻게 좀 해 주실 수 있나요?

VOCAB

chat in a group 무리 지어 이야기하다 right next to ~ ~ 바로 옆인 for hours 몇 시간 동안 keep it down 조용히 하다

Excuse me, can you see
the people chatting in a group
over there? The two men talking
with the other two girls.

저기요, 저쪽에 무리 지어 떠들고 있는
저 사람들 보이시나요? 여자 두 명과
이야기하고 있는 남자 두 명이요.

Yes, I do.

네, 보입니다.

 My seat is right next to them
and they have been talking like that
for hours. It's so loud. Is there
anything you can do for me?

제 자리가 저 사람들 바로 옆인데
몇 시간째 저렇게 떠들고 있어요.
정말이지 너무 시끄러워요.
어떻게 좀 해 주실 수 있나요?

I can ask them to keep it down.

제가 저분들께 조용히 해 달라고
말하겠습니다.

 Thanks! Usually conversations
between passengers on a plane
should be as quiet as in a library.

감사합니다! 보통 비행기 탑승객들 간 대화는
도서관에서처럼 조용해야 하잖아요.

승무원의 무성의한 서비스 지적하기

승무원에게 필요한 것을 갖다 달라고 했는데 계속해서 기다리라고만 하거나 무시하는 듯한 태도를 보인다면 '~ minutes ago(~분 전에)' 물건을 갖다 달라고 했는데 어찌 된 거냐고 말하며 기다린 시간을 강조하고, 요청했던 승무원이 'doesn't look busy at all(전혀 바빠 보이지 않는다)'와 같이 태도를 지적할 수 있습니다. 만약 승무원이 고의적으로 불친절하게 행동하는 것 같다면 다른 승객들도 다 들을 수 있는 목소리로 좀 더 강하게 항의할 수 있는데, 단 눈을 부릅뜨거나 고함을 치며 말하면 오히려 이상한 사람으로 몰릴 수 있으니 단호한 어조로 차분하게 말하는 것이 좋습니다.

- I asked you for <u>명사</u> <u>숫자</u> minutes ago.
  제가 _____분 전에 _____을 (달라고) 부탁했는데요.

- No one has brought <u>명사</u> yet.
  아직 아무도 _____을 갖다 주질 않네요.

- He/She doesn't look busy at all.
  그분 전혀 바빠 보이지도 않던데요.

- Your job is to help passengers not to <u>동사</u>.
  당신들이 할 일은 승객들을 돕는 거지 _____하는 게 아니에요.

> **VOCAB**
>
> ask A for B A에게 B를 부탁(요청)하다 (flight) attendant 승무원
> extra 여분의 blank 담요 keep V-ing 계속 ~하다

**Excuse me, I asked you
for extra blankets 20 minutes ago
but no one has brought them yet.**

저기요, 20분 전에 담요 좀 더 달라고 부탁했는데
아직 아무도 담요를 갖다 주질 않네요.

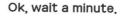**Ok, wait a minute.**

알겠습니다, 잠깐만 기다리세요.

**Excuse me!
I've asked one of the attendants
three times for extra blankets.
She doesn't look busy at all.**

저기요!
제가 담요 좀 더 달라고 다른 승무원에게
이미 세 번이나 부탁했어요.
그분 전혀 바빠 보이지도 않고요.

**Can you just wait
for a minute?**

잠깐만 좀 기다려 주시겠어요?

**You keep saying that
I have to wait. Your job is to help
passengers not to make them wait.**

당신들 계속 저한테 기다려야 된다는 말만 하는데요.
당신들이 할 일은 승객들을 돕는 거지
기다리게 하는 게 아니에요.

 **Scene 013**

 MP3 013

옆 사람에게 똑바로 앉아 달라고 하기

옆에 앉은 사람이 다리를 너무 심하게 벌려 내 자리를 자꾸 침범할 경우, 'Excuse me(실례지만)'이라고 정중하게 말문을 열며 다리를 조금만 오므려 줄 수 있냐고 부탁하면 됩니다. 하지만 이렇게 부탁했음에도 상대방이 다리를 오므리지 않고 'What do you want me to do?(제가 뭘 어쩌길 바라는 겁니까? = 저더러 뭐 어쩌라는 거죠?)'와 같이 무례하게 군다면 'I feel really uncomfortable.(제가 너무 불편합니다.), You're still not supposed to 동사.(그렇다고 ~하시면 안 되죠.)'와 같은 말로 상대방의 행동을 단호하게 지적하며 불편함을 드러내는 것이 좋습니다.

- **Can you close your legs a little bit?**
  다리를 조금만 오므려 주실 수 있나요?

- **동사-ing doesn't give you the right to 동사.**
  _____하다고 해서 _____할 권리가 있는 건 아니죠.

- **I feel really uncomfortable.**
  제가 너무 불편하다고요.

- **You're still not supposed to 동사.**
  그렇다고 _____하시면 안 되죠.

> **VOCAB**
>
> close the legs 다리를 오므리다 invade 침해(침범)하다 bulky 덩치(부피)가 큰 take up (공간 등을) 차지하다

**Excuse me, can you close
your legs a little bit?**

실례지만, 다리를 조금만
오므려 주실 수 있나요?

**Well, I'm tall and
my legs are long.
What do you want me to do?**

흠, 제가 키가 크고 다리가 길어서요.
저더러 뭐 어쩌라는 거죠?

**Being tall doesn't give you
the right to invade my space.
I feel really uncomfortable.**

키가 크다고 해서 제 자리까지
침범할 권리가 있는 건 아니죠.
제가 너무 불편하다고요.

**Look, I'm big and bulky and
we're sitting in economy.**

이봐요, 제가 크고 덩치도 있고, 게다가
우린 이코노미석에 앉아 가고 있잖아요.

**You're still not
supposed to take up
another passenger's seat.**

그렇다고 다른 승객들 자리까지
다 차지하시면 안 되죠.

옆 자리의 기기가 방해된다고 말하기

옆 자리에 있는 개인 환풍기(air vent)에서 나오는 바람이 거슬릴 때, 혹은 옆 사람 이어폰에서 흘러 나오는 소리가 너무 커 휴식이나 수면에 방해가 될 땐 환풍기에서 나오는 바람이 내 쪽을 향하지 않게 해 달라고 정중히 부탁하거나 볼륨이 너무 높아 방해가 된다고 공손히, 하지만 명확하게 의사 표현을 하면 됩니다. 앞서도 배웠지만 상대방에게 무언가를 부탁하거나 불편한 사항을 말할 땐 'Excuse me, would you mind 동사-ing?(실례지만, ~해 주시면 안 될까요?), I'm sorry but ~.(죄송하지만 ~(이러저러한 불편한 사항)이 있습니다.)'와 같은 완곡한 어조로 말하면 더 좋습니다.

- Would you mind pointing __명사__ away from me?
  _____가 제 쪽을 향하지 않게 해 주시면 안 될까요?

- I'm sorry but your earphones are too loud.
  죄송하지만 이어폰 소리가 너무 큽니다.

- The volume is so high that it's disturbing me.
  볼륨이 너무 높아 방해가 되네요.

- I can't sleep or relax.
  자거나 쉬지를 못하겠어요.

> **VOCAB**
>
> air vent 환풍기 disturb 방해하다 earplug 귀마개 come through (전화, 무선 등을 통해) 들어오다 relax 쉬다

Excuse me, would you mind pointing your air vent away from me?

실례지만, 환풍기가 제 쪽을 향하지 않게 해 주시면 안 될까요?

Oops, sorry.

앗, 죄송합니다.

I'm sorry but your earphones are too loud. The volume is so high that it's disturbing me.

그리고 죄송하지만 이어폰 소리가 너무 커서요. 볼륨이 너무 높아 방해가 되네요.

Sorry, but I can't hear my music because of the engine noise. Why don't you put on your earplugs?

죄송합니다, 그런데 엔진 소음 때문에 음악 소리가 안 들려서요. 귀마개를 해 보시는 건 어때요?

I tried but the sound from your earphones still comes through. I can't sleep or relax.

그렇게 해 봤는데 여전히 이어폰에서 소리가 흘러 들어와요. 자거나 쉬지를 못하겠어요.

앞사람에게 의자 좀 세워 달라고 하기

앞사람의 의자가 뒤로 너무 많이 젖혀져 있으면 화장실을 드나들거나 앞에 달린 모니터를 보기도 힘들고. 특히나 장시간 여행일 땐 비좁고 갑갑해 더 힘들 수 있습니다. 이럴 땐 'Excuse me(실례지만/죄송한데요)'라고 말문을 열며 'Can you put your seat upright?(의자 좀 똑바로 세워 주시겠어요?), Your seat is reclined so much.(당신 의자가 뒤로 너무 많이 젖혀져 있어요.)'라고 정중히 요구하며 불편함을 어필하면 됩니다. 하지만 이러한 요구에도 상대방이 예의 없이 나온다면, 기내의 다른 승객들은 'don't act like you(당신처럼 행동하지 않는다)'라고 단호히 지적하면 됩니다.

- **Can you put your seat upright?**
  의자 좀 똑바로 세워 주시겠어요?

- **Your seat is reclined so much.**
  당신 의자가 뒤로 너무 많이 젖혀져 있어요.

- **I feel cramped.**
  갑갑하네요.

- **Considerate passengers don't act like you.**
  배려할 줄 아는 승객들은 당신처럼 행동하지 않아요.

VOCAB

feel cramped 갑갑하다 recline 뒤로 넘기다 freeloader 무임 승차자
(비유적 의미: 공짜로 남의 것을 이용하려는 빈대 같은 사람)

**Excuse me,
can you put your seat upright?
I need to go to the bathroom.**

실례지만, 의자 좀 똑바로 세워 주시겠어요?
저 화장실을 가야 해서요.

Oh, ok.

아, 네.

**Excuse me,
your seat is reclined so much.
I can't even watch movies
and I feel cramped.**

죄송한데,
당신 의자가 뒤로 너무 많이 젖혀져 있어요.
영화도 제대로 못 보겠고 갑갑하네요.

**Hey, I paid for my seat
and I can do what I want.**

이봐요, 내가 내 돈 내고 산 자리니까
내가 원하는 대로 할 수 있는 거죠.

**Hey, there are
no freeloaders on this plane.
Considerate passengers
don't act like you!**

이봐요, 이 비행기에 무임 승차한 사람
아무도 없어요. 배려할 줄 아는 승객들은
당신처럼 행동하지 않는다고요!

뒷사람에게 의자를 차지 말라고 하기

뒤에 앉은 사람이 내 의자를 자꾸 발로 차거나 툭툭 치면 비행 내내 신경이 거슬리고 불편할 텐데요. 이러한 발길질은 고의가 아닌 무의식 적으로 하는 경우가 대부분이기 때문에 '왜 의자를 발로 찹니까'라고 화를 내기보다는 'Would you stop kicking the back of my seat?(제 의자 등받이 좀 발로 그만 차면 안 될까요?)'라고 정중히 부탁하는 것 이 좋으며, 이러한 요청에도 발길질이 멈추지 않는다면 승무원에게 도 움을 요청하는 것이 좋습니다. 참고로 기내 외에도 극장에서 영화를 볼 때 누군가 내 좌석을 발로 찬다면 여기서 배운 표현을 활용해도 되 겠죠?

- **Would you stop kicking the back of my seat?**
  제 의자 등받이 좀 발로 그만 차면 안 될까요?

- **I would really appreciate if you would 동사 .**
  _____해 주신다면 정말 감사할 것 같아요.

- **He/She keeps pounding on my seat.**
  이분이 계속 제 의자를 발로 차네요.

- **I can't take constant kicking for 시간 .**
  _____동안 계속해서 발로 차는 건 제가 못 참겠어요.

> **VOCAB**
>
> sweetie (상냥하게 누군가를 부를 때) 얘야, 자기야 keep one's feet ~의 발을 가만히 두다 pound 두드리다, 치다 constant 끊임없는

의자를 차지 말아 달라고 부탁 ▶ 어려서 그렇다고 해명 ▶ 불편함 거듭 호소

Excuse me,
would you stop kicking
the back of my seat, sweetie?

얘야, 미안한데 내 의자 등받이 좀
발로 그만 차면 안 될까?

Ok. I'm sorry.

알겠습니다. 죄송해요.

I would really appreciate
if you would help your son
keep his feet to himself.
He keeps pounding on my seat.

아드님이 발을 가만히 둘 수 있게
해 주신다면 정말 감사할 것 같아요.
아이가 계속 제 의자를 발로 차네요.

Sorry. I already told him
but he is only 5 years old.

죄송합니다. 제가 이미 얘기는 했는데
애가 고작 5살밖에 안 돼서요.

I know but
I can't take constant kicking
for the next 10 hours!

이해는 하는데
남은 10시간 동안 계속해서
발로 차는 건 제가 못 참겠네요!

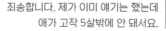

Review & Practice

① _____

여기 짐칸이 꽉 찼네요. 제 가방을 넣을 공간이 없어요.

_____ ②

다른 곳에 사용 가능한 공간이 있는지 제가 찾아 보겠습니다.

③ _____

그리고 다른 곳에 빈자리가 있으면 자리 좀 바꿔 줄 수 있나요?

_____ ④

무슨 문제가 있으신가요?

⑤ _____

제 옆 자리 승객이 술 냄새가 나서 속이 울렁거려요.

_____ ⑥

알겠습니다. 저희가 뭘 해 드릴 수 있는지 알아 볼게요.

⑦ _____

그리고 저쪽에 모여서 떠드는 사람들 보이세요? 너무 시끄럽네요.

_____ ⑧

네, 보이네요. 제가 저분들께 조용히 해 달라고 말하겠습니다.

⑨ _____

(옆 사람에게) 실례지만, 다리를 조금만 오므려 주실 수 있나요?

_____ ⑩

앗, 죄송합니다.

⑪ _____

(뒷사람에게) 얘야, 미안한데 내 의자 등받이 좀 발로 그만 찰래?

_____ ⑫

죄송합니다. 제가 이미 얘긴 했는데 애가 고작 5살밖에 안 돼서요.

정답

① This bin is full. I have no room to put my bag.

② Let me try to see if there is space available somewhere else.

③ And can you switch my seat if there is an empty one somewhere else?

④ Is there any problem?

⑤ My neighbor smells like alcohol and it's making me feel nauseous.

⑥ Ok. Let me see what we can do for you.

⑦ And can you see the people chatting in a group over there? It's so loud.

⑧ Yes, I do. I can ask them to keep it down.

⑨ Excuse me, can you close your legs a little bit?

⑩ Oops, sorry.

⑪ Excuse me, would you stop kicking the back of my seat, sweetie?

⑫ Sorry. I already told him/her but he/she is only 5 years old.

MISSION 1
Completed

MISSION 2
Completed

MISSION 3
에어
비앤비

MISSION 4
호 텔

MISSION 5
식 당

MISSION 6
카 페

MISSION 7
쇼 핑

MISSION 8
미용실

MISSION 9
택 배

MISSION 10
병 원

MISSION 11
금융사

MISSION 12
보험사

MISSION 13
동 네

MISSION 14
직 장

MISSION 15
인간관계

MISSION 16
911
(일반)

MISSION 17
911
(응급)

문화 엿보기

차별 대우엔
'그 나라의 언어'로
제대로 따져라!

▶ **다양한 인종이 섞인 나라 '미국'에서의 차별 대우**

미국은 다양한 인종이 모여 사는 나라, 소위 'melting pot(이것저것 다같이 녹아서 담겨 있는 냄비)'에 비유되는 나라입니다. 하지만 역사적으로 백인이 우월한 사회적 위치에 있어 왔고, 실제로도 사회에서 대놓고 특정 집단을 차별하진 않지만 흔히 'glass ceiling(보이지 않는 유리 천장)'이라고 해서 사회적 위치, 직장에서의 직급 등 다양한 부분에서 특정 집단은 넘기 힘든 장벽들이 있는 것도 사실입니다. 이외에도 에어비앤비, 식당, 카페와 같은 서비스 제공 업체에서도 주인이나 직원이 말도 안 되는 횡포를 부리거나 차별 대우를 하는 일도 많죠.

▶ **'그 나라의 언어 구사력'이 차별에 대항할 수 있는 무기**

다른 나라에서 겪는 이 같은 차별에 대처할 수 있는 가장 기본적인 무기는 바로 '그 나라의 언어 구사력'입니다. 그런데 내가 있는 나라의 언어 구사력도 갖춰 놓지 않았으면서 그곳에서 부당한 차별을 당했을 때 사과와 보상을 받고 싶다고 생각하는 것은 무기도 없이 적군을 무찌르겠다는 모순적인 생각입니다. 외국에서 겪는 차별에 대한 1차적인 대처는 기본적인 언어 구사력을 토대로 '이성적, 논리적으로 문제를 따지는 것'이며, 그렇게 할 수 있었을 때 이에 대한 합당한 보상을 요구하며 내 권리를 당당히 찾을 수 있는 것입니다.

▶ **차별을 무조건 '인종 차별'로 생각하진 말아라.**

하지만 동양인으로서 외국인에게 받는 대우가 내 기대에 못 미치거나 내 정서와 맞지 않는다고 해서 그런 행동을 모두 '인종 차별'로 단정지어서는 안 됩니다. 기분 좋지 않은 언행이나 나쁜 서비스, 상식 밖의 행동 등은 나의 모국, 그리고 같은 민족 내에서도 충분히 일어날 수 있는 일이기 때문입니다. 따라서 단지 다른 언어를 쓰는 다른 인종이 내게 차별 대우를 했다고 해서 이를 '인종 차별'에 초점을 두고 생각하면 되려 더 심각한 문제로 불거질 수 있으니 주의해야 합니다.

 **Scene 017**

 MP3 017

일방적인 예약 취소 통보에 항의하기

Airbnb(에어비앤비)는 개인의 주택을 타인에게 일정 기간 동안 빌려주어 머물게 하는 숙박 서비스인데, 호텔에 비해 저렴하지만 주인들이 무책임하거나 횡포를 일삼는 문제가 종종 생깁니다. 그중 하나가 바로 '일방적인 예약 취소'인데, 이를테면 숙소 열쇠를 받기로 한 주인이 약속 장소에 나타나지 않고 갑작스레 취소 통보를 하는 황당한 경우가 있습니다. 이럴 땐 일방적 취소 때문에 당한 불이익에 대해 적극적으로 따지면서 '전액 환불해 달라(give a full refund)'고 요구하고 향후 다른 여행객들이 이러한 피해를 입지 않도록 '안 좋은 평(bad review)'을 남기겠다고 말하면 됩니다.

- **I'm supposed to get a key from the host.**
  저 주인 분께 열쇠를 받기로 되어 있는데요.

- **You were supposed to let us know about 명사 .**
  저희한테 _____ 을 알려 주시기로 했잖아요.

- **You need to give us a full refund.**
  전액 환불해 주셔야 합니다.

- **I'll giving you guys a bad review.**
  평가도 안 좋게 남길 거예요.

VOCAB

show up (예정된 곳에) 나타나다 host (집)주인 give a full refund 전액 환불해 주다 including ~ ~을 포함하여 review 평가

Hi, I am supposed to get a key from the host but he didn't show up.

여보세요, 제가 주인 분께 열쇠를 받기로
돼 있는데, 그분이 안 나오셨어요.

I'm sorry but
I canceled the reservation.

죄송하지만
제가 예약을 취소했습니다.

You were supposed to let us know about any changes 7 days before our check-in!

어떤 변경 사항이든 저희가 체크인하기
7일 전에는 알려 주시기로 했잖아요!

I can help you find
a new space for your stay.

머무실 수 있는 새로운 곳을
찾게 도와드릴 순 있어요.

That's not enough! You need to give us a full refund including service fees! I'll be giving you guys a bad review.

그걸로는 어림없어요! 서비스 비용까지
포함해 전액 환불해 주셔야 합니다!
평가도 안 좋게 남길 거예요.

주인과 연락 두절이라고 항의하기

에어비앤비 이용에 있어 가장 불쾌한 경험으로 손꼽히는 것 중 하나가 바로 '주인과의 연락 두절'입니다. 이럴 땐 에어비앤비 고객 센터에 전화를 걸어 문제 상황을 '최대한 자세하게' 설명하는 것이 좋은데요. 예를 들어 그냥 단순하게 '주인과 연락이 안 돼요'라고 하기보다는 'The host never answered the phone.(주인 분이 아예 전화를 안 받아요.), He/She didn't even respond after I left ~.(제가 ~(라는 메시지 등)을 남겼는데 그분이 답조차 없어요.)'라고 말해야 내가 당한 부당한 처사를 더욱 강하게 어필할 수 있고, 이렇게 말해야 추후 합당한 보상을 요구할 때에도 더 유리합니다.

- **The host never answered the phone.**
  주인 분이 아예 전화를 안 받더라고요.

- **He/She didn't even respond after I left 명사.**
  제가 _____을 남겼는데 그분이 답조차 없습니다.

- **I want to get a refund.**
  환불 받고 싶습니다.

- **Can you help me find another 명사?**
  다른 _____을 찾도록 좀 도와주시겠어요?

VOCAB

make a reservation 예약하다 confirmation number 예약 확인 번호 penalty 벌금, 위약금 family-friendly 가족에게 좋은

Hi, I made a reservation with ABC but the host never answered the phone and didn't even respond after I left three voicemails.

여보세요, 제가 ABC에 예약을 했는데
주인 분이 전화를 받지도 않고 음성 메시지를
3번이나 남겼는데 답조차 없습니다.

I'm sorry that happened to you. Can you give me your confirmation number?

그런 일이 있으셨다니 죄송합니다.
예약 확인 번호를 알려 주시겠어요?

It's 123-4567.

123-4567입니다.

We can cancel your booking without a penalty. Would you like to cancel it?

위약금 없이 예약을 취소해 드릴 수 있습니다.
예약을 취소하시겠어요?

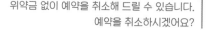

Yes, and I want to get a refund. Then can you help me find another family-friendly place with a similar price?

네, 환불 받고 싶습니다.
그리고 여기와 비슷한 가격으로 가족에게 딱 맞는
다른 곳을 찾도록 좀 도와주시겠어요?

 MP3 019

숙소가 설명과 너무 다르다고 항의하기

에어비앤비 이용 시 자주 발생하는 문제 중 하나는 바로 실제 숙소의
거리/외관이 웹사이트 상의 설명/사진과는 너무 다르다는 것입니다.
이런 경우엔 관계자에게 전화를 걸어 과장 광고를 한 것에 대해 'Your
website said it only takes ~ but it took us ~.(웹사이트에선 ~밖에
안 걸린다고 돼 있는데 저희 ~만큼이나 걸렸어요.), This property is
so different from your description.(건물이 설명과 너무 달라요.)'와
같이 허위 사실을 적시하고, 이에 대해 'You are tricking people.(댁은
사람들을 속이고 있는 거예요.)'라고 항의하며 'full refund(전액 환불)'
을 요구할 수 있습니다.

- **The website said it 문장1 but 문장2 .**
  웹사이트에선 _____라고 돼 있는데 (실제론) _____하네요.

- **You should mention that to guests!**
  손님들에게 그걸 말씀해 주셔야죠!

- **명사 is so different from your description.**
  _____이 설명과 너무 달라요.

- **You are tricking people.**
  댁은 사람들을 속이고 있는 거예요.

> **VOCAB**
>
> get stuck in traffic 교통 체증에 걸리다, 차가 막히다 description
> 설명, 묘사 property 재산, 부동산, 건물 trick 속이다

Hi, we booked your place on 3rd. Your website said it only takes 20 minutes from the airport but it took us over an hour!

여보세요, 저희가 3번가에 있는 여기 숙소를 예약했는데요. 웹사이트에선 공항까지 20분밖에 안 걸린다고 돼 있는데 저희 1시간도 넘게 걸렸어요!

That can happen if you get stuck in traffic.

차가 막히면 그럴 수 있어요.

You should mention that to guests before they book! And this property is so different from your description.

손님들이 예약하기 전에 그걸 말씀해 주셔야죠! 그리고 건물도 설명과는 너무 달라요.

Our website showcases the property in the best way possible.

저희 웹사이트에선 가능한 한 가장 좋게 건물을 보여주니까요.

The pics were photoshopped, so basically you are tricking people. We want a full refund.

그 사진들 포토샵으로 편집된 거잖아요, 그러니까 근본적으로 댁이 사람들을 속이고 있는 거라고요. 전액 환불 처리해 주세요.

 **Scene 020**

숙소의 상태가 엉망이라고 항의하기

에어비앤비를 예약할 때 종종 거짓으로 올린 리뷰나 광고에 속아 관리 상태가 엉망인 숙소를 잘못 예약하는 일이 생길 수 있습니다. 이처럼 숙소가 엉망일 땐 며칠만 참으면 된다고 생각하지 말고 바로 주인에게 연락해서 따져야 하는데, 숙소의 위생 문제를 지적할 땐 'This place hasn't been cleaned in ages!(여긴 진짜 오랫동안 청소가 전혀 안 된 상태네요!)'라는 말 한 마디면 콕 집어 집이 더럽다고 지적할 수 있고, 여기서 더 나아가 'file a complaint(항의를 넣겠다)'는 말로 강력하게 경고할 수도 있습니다. 참고로 'file a complaint'는 '고소장을 접수한다'는 뜻으로도 사용 가능합니다.

- **The maintenance issues are just unacceptable.**
  관리 문제가 용납 불가 수준이네요.

- **This place hasn't been cleaned in ages.**
  여긴 진짜 오랫동안 청소가 전혀 안 된 상태네요.

- **We will file a complaint with Airbnb.**
  저흰 에어비앤비 측에 항의를 넣을 겁니다.

- **We will let people know about this situation.**
  저흰 사람들에게 이런 실태를 알릴 겁니다.

VOCAB

unacceptable 용납 불가한 maintenance 관리, 유지 stain 얼룩(지다) in ages 오랫동안 partial 부분적인 ridiculous 말도 안 되는

The maintenance issues here are just unacceptable. I don't think we can stay.

여기 관리 문제가 용납 불가 수준이네요.
저희 여기선 도저히 못 묵을 것 같아요.

Could you tell me more about the issues you experienced?

겪으신 문제점에 대해 좀 더 말씀해 주실래요?

The bed sheets are stained and we found hair on them. Also, the kitchen cupboards are covered in dust. This place hasn't been cleaned in ages!

침대 시트에 얼룩이 있고, 위에서 머리카락도 발견했어요.
게다가 부엌 찬장은 먼지로 뒤덮여 있고요.
여기 진짜 오랫동안 청소가 전혀 안 된 상태네요!

We can only offer a partial refund since you changed your mind after checking in.

체크인 후 마음이 바뀌신 거기 때문에
일부만 환불해 드릴 수 있어요.

That's ridiculous! We will file a complaint with Airbnb and let people know about this situation!

말도 안 돼요! 저흰 에어비앤비 측에 항의를 넣고
사람들에게 이런 실태를 알릴 겁니다!

이유도 없이 왜 내쫓느냐고 항의하기

에어비앤비 주인의 부당한 갑질 중 또 하나는 바로 돌연 변심하여 투숙객에게 나가라고 하는 것입니다. 이미 지불한 숙박료가 있는데 주인이 '내 집이니 내 마음대로 하겠다'는 식의 말도 안 되는 횡포를 부릴 경우, 돈을 냈는데 왜 쫓아내느냐고 항의하는 것과 함께 'I'm going to report your behavior to Airbnb, the police and the press!(그쪽이 한 짓을 에어비앤비, 경찰, 언론에 신고할 겁니다!)'라고 강력하게 경고하면 좋습니다. 영어로 뭔가를 따져 말할 때 긴장해서 말이 잘 나오지 않을까 봐 걱정될 수도 있지만, 용기를 내어 부당함을 꿋꿋하게 말하려는 자세가 무엇보다 중요합니다.

- **You're kicking me out NOW?**
  지금 절 쫓아내시는 건가요?

- **I paid you for 숫자 more day(s)!**
  제가 _____일치 비용을 더 지불했잖아요!

- **This is terrible and unfair!**
  이건 진짜 최악에 부당한 처사예요!

- **I'm going to report your behavior to 기관 .**
  그쪽이 한 짓을 _____에 신고할 겁니다.

> **VOCAB**
>
> kick ~ out ~을 쫓아내다 unfair 부당한 take advantage of ~ ~을 이용하다 innocent 무고한 victim 피해자, 희생자

You're kicking me out NOW?
I paid you for 2 more days!

지금 절 쫓아내시는 건가요?
제가 이틀치 비용을 더 지불했잖아요!

As the host,
I make my own house rules
and you have to follow them.

주인으로서, 저희 집 규칙은 제가 정하고
당신은 그걸 따라야 해요.

This is terrible and unfair!

이건 진짜 최악에 부당한 처사예요!

I'm within my rights.
I don't want you to stay
at my place anymore. Get out!

저한텐 그럴 권리가 있어요.
전 당신이 내 집에 더는
안 머물렀으면 해요. 나가 주세요!

I'm going to report your behavior
to Airbnb, the police and the press!
I'll make sure you can't take
advantage of any more
innocent victims.

그쪽이 한 짓을 에어비앤비, 경찰, 언론에
신고할 겁니다! 그쪽이 무고한 피해자들을
더 이상 등쳐먹지 못하게 하겠어요.

바가지를 씌우려 드는 것에 대처하기

에어비앤비 숙소 주인 중엔 영어가 좀 부족해 보이거나 현지 실정을 잘 모르는 투숙객들을 대상으로 '바가지'를 씌우려는 경우가 종종 있습니다. 이를테면 고장 내지도 않은 물품에 대한 비용을 청구서에 합산하여 '당신이 고장 낸 물품(ex: 망가진 콘센트나 스위치, 막힌 하수구 등) 비용을 더했다'고 하는 경우가 생기곤 하는데, 이런 경우가 생길 것에 대비해 투숙을 시작한 날과 끝내고 나가는 날에 각종 주요 시설들의 사진을 찍거나 촬영해 두는 것이 좋습니다. 그렇게 하면 주인이 바가지를 씌우려고 할 때 결정적인 증거로 제시하여 부당한 일을 당하는 걸 막을 수 있습니다.

- **I would like to dispute inaccurate charges.**
  잘못된 비용이 있어서 이의를 좀 제기하고 싶은데요.

- **I'm not paying for something I didn't 동사 .**
  제가 _____ 하지도 않은 것에 돈을 낼 순 없죠.

- **I took video of 명사 , just in case.**
  혹시 몰라 _____ 을 비디오로 촬영해 놨어요.

- **Everything was working properly at that time.**
  당시엔 모든 게 제대로 작동하고 있었어요.

VOCAB

dispute 이의를 제기하다 inaccurate 부정확한, 틀린 damage 훼손하다, 망가트리다 outlet 콘센트 drain 하수구 clog 막히다

I would like to dispute
inaccurate charges on my bill.

제 계산서에 잘못된 비용이 청구돼 있어서
이의를 좀 제기하고 싶은데요.

I'm charging you
for damaged outlets,
switches and clogged drains.

망가진 콘센트와 스위치, 그리고
막힌 하수구 비용을 청구한 겁니다.

I'm not paying for something
I didn't damage. Can you prove
that they happened while I was here?

제가 망가트리지도 않은 것에 돈을 낼 순 없죠.
제가 여기 있는 동안 그렇게 됐다고 입증 가능하세요?

Yes, I have pictures.

네, 제게 사진이 있어요.

I doubt that they were taken
during my stay because I took video
of the facilities on the day of my arrival
and departure, just in case. Everything
was working properly at that time.

그 사진들이 제가 있는 동안 찍힌 게 맞는지 의문이네요,
왜냐하면 혹시 몰라 제가 도착한 날과 떠나는 날에
시설물들을 비디오로 촬영해 놨거든요.
당시엔 모든 게 제대로 작동하고 있었어요.

Review & Practice

① _____

제가 ABC에 예약을 했는데 주인 분이 전화를 안 받아요.

② _____

예약 확인 번호를 알려 주시겠어요?

③ _____

4567이고요, 가격이 비슷한 다른 곳을 찾게 도와주시겠어요?

④ _____

(새로운 곳에 감) 여기 건물이 설명과 너무 다르네요.

⑤ _____

저희 웹사이트에선 가능한 한 가장 좋게 건물을 보여주니까요.

⑥ _____

게다가 오랫동안 청소도 안 돼 있고요. 여기선 못 묵을 것 같네요.

⑦ _____

알겠습니다. 체크인 후 마음이 바뀌신 거라 일부만 환불 가능해요.

⑧ _____

(계산서 수령) 계산서 비용이 잘못돼 이의를 제기하고 싶은데요.

⑨ _____

망가진 콘센트와 스위치 비용을 청구한 겁니다. 사진이 있어요.

_____ ⑩

그 사진들이 제가 있는 동안 찍힌 게 맞는지 의문이네요.

⑪ _____

(주인 돌변) 당신이 내 집에 더는 안 머물렀으면 하네요. 나가세요!

_____ ⑫

지금 저 내쫓는 거죠? 그쪽이 한 짓 에어비앤비에 신고하겠습니다.

─── 정답 ───────────────────────────

① I made a reservation with ABC but the host never answered the phone.

② Can you give me your confirmation number?

③ It's 4567, and can you help me find another place with a similar price?

④ This property is so different from your description.

⑤ Our website showcases the property in the best way possible.

⑥ And this place hasn't been cleaned in ages. I don't think I can stay.

⑦ Ok. We can only offer a partial refund since you changed your mind after checking in.

⑧ I would like to dispute inaccurate charges on my bill.

⑨ I'm charging you for damaged outlets, switches. I have pictures.

⑩ I doubt that they were taken during my stay.

⑪ I don't want you to stay at my place anymore. Get out!

⑫ Are you kicking me out now? I'm going to report your behavior to Airbnb.

MISSION
4

호 텔

문화
엿보기

언성을 높이며
항의하면 오히려
손해볼 수 있다!

▶ 확실한 '증거와 근거'를 가지고 이의를 제기하라.

어떠한 문제를 해결할 때 가장 큰 영향을 미치는 요소 중 하나가 바로 '사람의 성격'입니다. 이를테면 (1) 문제가 생겼어도 그냥 지나가는 사람, (2) 큰소리를 내며 소란을 피우는 사람, (3) 확실한 증거와 근거를 가지고 조용히 해결하는 사람 등 사람의 성격에 따라 문제 해결 과정이 달라지는데요. 만약 호텔에서 불만족스러운 서비스나 부당한 대우를 받았다면, 사람의 성격을 떠나 이를 어떻게 해결하는 것이 가장 좋을까요? 바로 (3)번입니다. 무조건 화부터 내고 큰소리 치기보다는 확실한 근거를 가지고 이의를 제기하는 것이 문제 해결의 열쇠입니다.

▶ 소리치며 항의하면 되려 화를 부를 수 있다.

그리고 미국에서는 언성을 높이며 큰소리로 항의하면 되려 화를 부르는 경우가 많습니다. 예를 들어 호텔에서 문제가 생겨 이를 해결한답시고 고래고래 소리를 지르거나 삿대질을 하며 항의하면 미국인들은 이를 매우 위협적인 상황으로 인식해 바로 경찰이 호출되어 저지 당하는 일이 생길 수도 있습니다. 이와 동일한 맥락으로 미국인들은 교통사고가 났을 때에도 언성을 높이며 싸우는 일이 거의 없고, 특히 어린아이가 있는 상황에서 성인이 소리지르거나 과잉 행동을 보이면 이것이 어린아이에게 위협적이라고 인식하기 때문에 주변 사람이나 경찰에 의해 저지 당할 수 있으니 주의해야 합니다.

▶ 상황에 맞게 '조용히' 말해도 문제는 해결된다.

앞서 말한 것과 같이, 문제가 생겼을 땐 '확실한 증거'를 토대로 '조용히' 문제를 해결하는 것이 좋습니다. 특히 호텔과 같은 서비스 업계는 고객 만족을 최우선으로 하기 때문에 고객이 '조용히, 상식적으로' 문제 해결을 요구하면 오히려 더 좋은 서비스로 보상을 해 주기도 합니다. 하지만 큰소리치거나 비상식적인 방식으로 항의하면 오히려 피해자임에도 가해자처럼 보일 수 있으니 반드시 주의해야 합니다.

 **Scene 023**

방이 마음에 안 드니 바꿔 달라고 하기

객실을 예약할 때 별다른 요구 사항을 덧붙이지 않게 되면 호텔 측에 선 투숙객의 기본 정보를 토대로 객실을 임의 배정합니다. 그런데 이 경우 종종 전망이나 위치가 썩 좋지 않은 방이 임의 배정될 수 있는데, 이럴 땐 직원에게 '좀 더 전망이 좋은(with a better view)' 방은 없는지 문의하면 됩니다. 호텔 측에선 손님을 다음 번에도 방문하게 만들고자 최대한 좋은 서비스를 해 주려 하기 때문에 흔쾌히 방을 알아 봐 줄 것 이며, 미국에선 원하는 게 있으면 당당히 말해야 그에 상응하는 권리를 누릴 수 있으니 원하는 게 있을 땐 참지 말고 분명하게 의사 표현을 해 야 합니다.

- **You gave me a room with a view of** <u>나쁜 전망</u>.
  제게 _____이 내다보이는 방을 주셨던데요.

- **Do you have anything with a better view?**
  좀 더 전망이 나은 방이 있나요(방은 없나요)?

- **The higher, the better.**
  고층일수록 더 좋아요.

- **I just don't want to see** <u>나쁜 전망</u>.
  전 그저 _____을 보고 싶지 않을 뿐이에요.

> **VOCAB**
>
> a room with a view of ~ ~이 내다보이는 방 parking lot 주차장
> Would you like to ~? ~하시겠어요? move 이동하다, 옮기다

Hi, you gave me a room
with a view of the parking lot.
Do you have anything
with a better view?

안녕하세요, 제게 주차장이
내다보이는 방을 주셨던데요.
좀 더 전망이 나은 방은 없나요?

Let me check it out for you.

제가 확인해 보겠습니다.

Thanks.
The higher, the better.

감사해요.
고층일수록 더 좋아요.

We have one with a lake view
but it is in the other building.
Would you like to move
to that room?

호수가 내다보이는 방이 있긴 한데
그곳이 다른 건물에 있어서요.
그쪽 방으로 옮기시겠어요?

Well, I'll move if I have to.
I just don't want to see
the parking lot.

뭐, 그래야 한다면 옮길게요.
전 그저 주차장을 보고 싶지 않을 뿐이에요.

 **Scene 024**

옆방이 너무 시끄럽다고 항의하기

옆방에서 너무 시끄럽게 소음을 유발하여(ex: 요란하게 파티를 열거나 아이들이 뛰어다니고 소리를 지르는 등) 휴식에 방해가 될 경우, 카운터에 전화하거나 직접 찾아가서 직원에게 이에 대해 항의하면 직원이 해당 객실에 직접 연락하여 다른 이들에게 방해가 되지 않게 해 달라고 대신 주의를 줄 것입니다. 혹은 옆방을 피해 방을 업그레이드하거나 바꾸는 것이 가능한지도 물을 수 있습니다. 참고로 어린 자녀가 있는 가족 단위 투숙객들은 예약할 때 호텔 측에 미리 아이들의 연령을 알려 주면 좋고, 혹은 가족이 머물기에 좋은 객실을 미리 선별하는 것도 좋은 방법입니다.

- **I'd like to complain about my neighbors.**
  저희 옆방에 대해 항의를 좀 하고 싶어서요.

- **They are throwing a loud party and it's <u>시간</u>.**
  이 사람들 파티를 시끄럽게 하고 있는데 지금 _____시예요.

- **I heard them running around and screaming.**
  이 사람들이 뛰어다니면서 소리지르는 걸 들었어요.

- **Would it be possible to upgrade my room?**
  혹시 방을 업그레이드하는 게 가능할까요?

> **VOCAB** -------------------------------------
>
> complain 항의하다 throw a party 파티를 열다 run around 뛰어다니다 scream 소리를 지르다 inconvenience 불편

Hi, I'd like to complain about my neighbors. They are throwing a loud party and it's 2 am.

여보세요, 저희 옆방에 대해 항의를 좀 하고 싶어서요. 이 사람들 파티를 시끄럽게 하고 있는데 지금 새벽 2시예요.

Can I have your last name, sir?

성(씨)을 알려 주시겠어요, 손님?

Choi. I think a family with little kids is staying in that room because I heard them running around and screaming early this morning.

'최'입니다. 제 생각엔 그 방에 어린애들이 있는 가족이 머물고 있는 것 같아요, 아침 일찍 뛰어다니면서 소리지르는 걸 들었거든요.

I apologize for the inconvenience to you, sir.

불편을 끼쳐드려 죄송합니다, 손님.

Would it be possible to upgrade my room?

혹시 방을 업그레이드하는 게 가능할까요?

룸서비스 음식이 별로라고 항의하기

호텔 룸서비스는 24시간 운영되고 방에서 고급 음식을 편히 먹을 수 있는데다 부가세까지 더해지기 때문에 가격이 상당히 비쌉니다. 그런데 이 같이 비싼 룸서비스 음식이 너무 오래 걸려 오거나 차게 식어서 왔다면 이에 대해 항의한 뒤 제대로 된 음식으로 다시 받아야 할 텐데요. 만약 좋은 서비스를 제공하는 호텔이라면 다시 요리한 음식을 무료 음료와 함께 가져다 주거나 음식을 모두 무료로 제공해 주기도 합니다. 단, 공짜일 경우엔 이를 너무 당연시 여기지 말고 이에 대해 고마움을 표하는 것이 좋고, 이후 음식값이 모두 무료가 맞는지 재차 확인하는 것도 좋습니다.

- **We just got our room service order.**
  저희가 방금 룸서비스로 음식을 받았는데요.

- **The food is cold.**
  음식이 (식어서) 차가워요.

- **It's pretty annoying that you made us 동사 .**
  저희를 _____하게 하시고 정말 짜증나네요.

- **I want to make sure you don't 동사 .**
  _____하지 않으시겠다는 걸 확실히 했으면 합니다.

> **VOCAB** --
>
> annoy 짜증나게 하다 deliver 배달하다, 전달하다 include 포함하다
> beverage 음료 for free 무료로 charge 요금, 청구하다

**Hi, we just got
our room service order,
but the food is cold.**

여보세요, 저희가 방금 룸서비스로
음식을 받았는데 음식이 차가워요.

Oh, I apologize for that.

그러셨다니 사과드립니다.

**It's pretty annoying that you made
us wait over 30 minutes
only to deliver cold food.**

이렇게 찬 음식을 갖다주면서 30분이나
기다리게 하고 정말 짜증나네요.

**We are deeply sorry, sir.
We'll bring you a new order and
include the beverages for free.**

진심으로 죄송합니다, 손님.
서비스(무료) 음료를 포함해
새로운 음식으로 가져다 드리겠습니다.

**Ok. Thanks!
But I want to make sure
that you don't charge me
for two orders.**

알겠습니다. 감사해요!
그런데 이 두 음식에 대한 비용은 청구하지
않으시겠다는 걸 확실히 했으면 합니다.

물건이 없어졌을 때 도난 신고하기

호텔에서 물건을 도난 당하면 당연히 긴장되고 난감해 마구 따져 묻고 싶을 것입니다. 하지만 이를 호텔 직원의 잘못으로 추정하며 감정적으로 대응하거나 경찰 취조를 하듯 CCTV를 다 살펴보겠다는 식의 행동을 취하는 것은 좋지 않습니다. 이럴 땐 도난 물품 신고서부터 작성하고 이에 따른 보상 절차가 있는지 차근차근 묻고 확인해야 합니다. 참고로 보상에 대해 물을 땐 'compensate(보상하다)'를 써서 말해도 되지만 'reimburse(보상/배상하다)'를 써서도 말할 수 있는데, reimburse는 회사에서 개인 사비로 업무 비용을 썼을 경우 이를 보상해 달라고 말할 때에도 많이 씁니다.

- I found that __물건__ is/are missing.

  _____이 없어진 걸 알게 됐어요.

- How long will it take you to handle this?

  이거 처리하는 덴 시간이 얼마나 걸릴까요?

- Will you reimburse me for my stolen items?

  도난 물품에 대해선 보상해 주시나요?

- It'd be better for me to file an official report.

  정식으로 신고하는 게 나을 것 같아요.

> **VOCAB** --
>
> stolen property report form 도난 물품 신고서 fill out 작성하다, 기입하다 handle 다루다, 처리하다 reimburse 보상(배상)하다

Hi, I came back to my room after breakfast and found that my camera and phone are missing.

안녕하세요, 아침 식사 후 제 방에 돌아왔는데 제 카메라와 전화기가 없어진 걸 알게 됐어요.

I'm so sorry to hear that. Here is a stolen property report form. Can you fill it out, please?

그러셨다니 안타깝네요. 여기 도난 물품 신고서입니다. 작성해 주시겠어요?

Ok. How long will it take you to handle this? I have to check out in 2 hours.

네. 이거 처리하는 덴 시간이 얼마나 걸릴까요? 제가 2시간 후에 체크아웃을 해야 해서요.

We'll do our best and contact you as soon as possible.

최선을 다해 보겠습니다, 그리고 되도록 빨리 고객님께 연락 드리겠습니다.

Will you reimburse me for my stolen items? If not, it'd be better for me to file an official report with the police.

도난 물품에 대해선 보상해 주시나요? 그게 아니라면 경찰에 정식으로 신고하는 게 나을 것 같아요.

미니바 비용이 잘못되었다고 항의하기

호텔의 냉장고(미니바) 안에 있는 음식들은 대개 비싸다는 인식이 강하기 때문에 많은 투숙객들이 물을 제외하고는 굳이 비싼 돈을 내고 미니바 음식을 먹으려 하지 않습니다. 그런데 간혹 계산서에 먹지도 않은 비싼 미니바 비용이 포함되는 착오가 발생하곤 하는데, 이럴 땐 직원에게 'My bill has incorrect minibar charges.(제 계산서에 미니바 비용이 잘못 청구되어 있네요.)'라고 이의를 제기하면 됩니다. 혹 직원이 이용한 것이 맞다는 의견을 고수할 땐 '방에 올라가면 그대로인 걸 확인할 수 있을 거다'라고 말하면 불필요한 실랑이도 피하면서 불쾌한 감정도 드러낼 수 있습니다.

- **My bill has incorrect minibar charges.**
  제 계산서에 미니바 비용이 잘못 청구되어 있네요.

- **I never took anything.**
  저는 먹은 게(가져간 게) 없어요.

- **You will find everything is still there.**
  모든 게 여전히 그곳에 그대로 있는 걸 발견하시게 될 겁니다.

- **This is a misunderstanding.**
  이건 착오라고요.

 VOCAB

according to ~ ~에 따르면 records 기록 item 물품, 항목 beef jerky 소고기 육포 misunderstanding 오해, 착오

Excuse me, my bill has incorrect minibar charges.

저기요, 제 계산서에 미니바 비용이 잘못 청구되어 있네요.

Would you like to see a list of which items were charged?

어떤 품목에 비용이 청구됐는지 목록을 한번 보시겠어요?

No, because I never took anything.

아뇨, 제가 먹은 게 없어서요.

According to our records you took two cans of Guinness and a bag of beef jerky.

저희 쪽 기록에 따르면 기네스 두 캔과 소고기 육포 한 봉지를 드셨다고 되어 있네요.

If you go up to my room now, you will find everything is still there. This is a misunderstanding.

지금 제 방에 올라가시면 모든 게 여전히 그곳(미니바)에 그대로 있는 걸 발견하게 될 겁니다. 이건 착오라고요.

수리비가 부당 청구되었다고 항의하기

간혹 에어비앤비나 호텔 계산서에 고장 내지도 않은 물건에 대한 수리 비가 부당 청구되는 일이 있습니다. 물론 호텔 숙박비엔 물건 수리와 관련된 예비 비용이 포함되어 있긴 하지만, 만약 내가 고장 내지도 않은 물건에 대해 내가 고장을 낸 듯이 말하며 바가지를 씌우듯 추가 비용을 계산서에 표기한다면 호텔에 바로 연락하여 부당 청구된 'maintenance charge(유지 보수비)'에 대해 항의를 넣어야 합니다. 만약 호텔 측에서 잘못된 금액을 정정해 주지 않는다면 카드사에 전화를 걸어 부당 청구 금액에 대해 이의를 제기하고 'bad review(나쁜 평)'을 남기겠다고 경고하면 됩니다.

- I want to complain about this 부당 비용.
  여기 _____ 에 대해 항의를 좀 하고 싶은데요.

- How did they get broken right after I left?
  어떻게 제가 떠나자마자 다 고장 났죠?

- I'm going to dispute the charge on 명사.
  전 _____ 청구액에 대해 이의를 제기할 겁니다.

- I'm going to leave bad review for 명사.
  전 _____ 에 대해 평을 나쁘게 남길 겁니다.

VOCAB

work (기계가) 작동하다 get broken 고장 나다 dispute 반박하다. 이 의를 제기하다 rip-off 터무니 없는 요금. 바가지

Hi, I want to complain about this maintenance charge.

안녕하세요, 여기 유지 보수비에 대해
항의를 좀 하고 싶은데요.

**After you checked out
we found the room had damage
to the lights and the hair dryer.**

손님께서 퇴실하신 후 방에서 전등과
헤어 드라이어가 고장 난 걸 발견했습니다.

**All of those things were working fine
when I stayed there. How did they
magically get broken right after I left?**

제가 거기 묵었을 땐 다 제대로 작동하고 있었는데요.
어떻게 제가 떠나자마자 마술처럼 다 고장 났죠?

**Sorry sir, but that's what
we found and we are forced
to charge you for that.**

죄송합니다만 손님, 저희 쪽에서 그렇게 확인돼
이에 대한 비용을 청구할 수밖에 없습니다.

**I'm going to dispute the charge on
my credit card and leave bad review
for this hotel. What a rip-off!**

제 신용 카드 청구액에 대해 이의를 제기할 거고
이 호텔에 대해서도 평을 나쁘게 남길 겁니다.
완전 바가지 씌우기네요!

MISSION 4
호 텔

Review & Practice

① _____

좀 더 전망 좋은 방은 없나요? 고층일수록 더 좋아요.

_____ ②

호수가 내다보이는 방이 있습니다.

③ _____

(입실 후) 여보세요, 저희 옆방에 대해 항의를 좀 하고 싶은데요.

_____ ④

성(씨)을 알려 주시겠어요, 손님?

⑤ _____

'최'입니다. 이 사람들 시끄럽게 파티하는데 지금 새벽 2시예요.

_____ ⑥

불편을 끼쳐드려 죄송합니다, 손님.

⑦ _____

그리고 방금 룸서비스로 음식을 받았는데 음식이 차가워요.

_____ ⑧

그러셨다니 사과드립니다. 새 음식을 가져다 드릴게요.

⑨ _____

(데스크에서) 방에 돌아왔는데 제 전화기가 없어진 걸 알게 됐어요.

_____ ⑩

그러셨다니 안타깝네요. 여기 도난 물품 신고서입니다.

⑪ _____

(퇴실 시) 저기요, 제 계산서에 미니바 비용이 잘못 청구돼 있네요.

_____ ⑫

어떤 품목에 비용이 청구됐는지 목록을 한번 보시겠어요?

정답

① Do you have anything with a better view? The higher, the better.

② We have one with a lake view.

③ Hi, I'd like to complain about my neighbors.

④ Can I have your last name, sir?

⑤ Choi. They are throwing a loud party and it's 2 am.

⑥ I apologize for the inconvenience to you, sir.

⑦ And we just got our room service order, but the food is cold.

⑧ I apologize for that. We'll bring you a new order.

⑨ Hi, when I came back to my room I found that my phone was missing.

⑩ I'm so sorry to hear that. Here is a stolen property report form.

⑪ Excuse me, my bill has incorrect minibar charges.

⑫ Would you like to see a list of which items were charged?

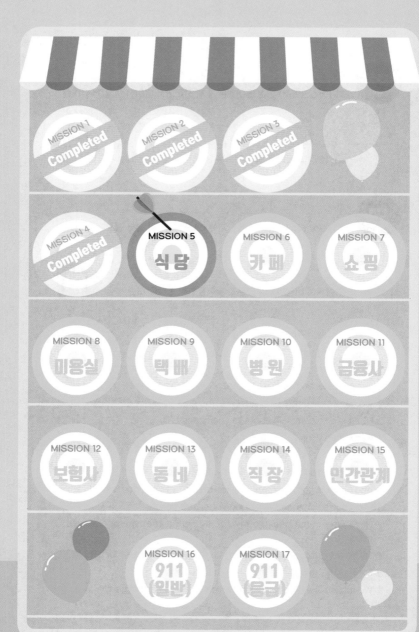

MISSION 5

식당

심한 갑질은 NO!
& 나쁜 서비스엔
팁 안 줘도 OK!

▶ **미국 식당에서 '직원'은 '손님'과 동등한 관계이다.**

미국 식당에서는 '손님은 왕이다'라는 개념은 거의 통하지 않습니다. 물론 돈을 벌어야 하는 업체들에게 손님은 가장 중요한 존재임에 틀림없을 것입니다. 하지만 미국에서는 식당을 비롯해 쇼핑몰, 마켓, 미용실 등 어느 업장에서든 손님이 반드시 '왕'의 대접을 받지는 않습니다. 왕보다는 오히려 친구처럼 동등한 입장에 있는 듯한 느낌을 받을 때가 더 많죠. 한국에서는 고객에게 깍듯이 존댓말을 써 가며 왕을 대접하는 듯한 서비스를 하는 것이 일반적이지만 미국에서는 이와는 다르게 '친구 같은 친근한 태도'로 접대하는 것이 일반적입니다.

▶ **'손님은 왕이다'라는 개념의 지나친 갑질은 금물!**

앞서 말했듯이 미국 식당의 직원들은 손님과 동등한 위치에서 친구처럼 small talk(소소한 대화)을 건네며 친근한 태도로 손님을 접대합니다. 그렇기 때문에 직원을 대상으로 너무 심한 갑질을 하거나 진상 짓을 하게 되면 직원이 서빙을 거부하고 손님을 식당 밖으로 내보내거나 심하면 경찰에 신고까지 할 수 있습니다. 그러니 미국 식당에선 직원에게 왕처럼 행세하려 들어서는 안 되며, 다른 손님들에게 민폐가 되는 짓을 하면 쫓겨나거나 경찰이 올 수도 있으니 주의해야 합니다.

▶ **서비스가 나빴을 땐 팁을 주지 않아도 OK!**

한국과 달리 미국에서는 '팁(tip)'을 주는 문화가 있습니다. 팁의 액수는 법으로 정해진 것은 없고 대부분 직원의 서비스 질에 따라 손님이 자율적으로 금액을 정해 지불하는 편인데, 요즘엔 영수증 금액에 팁까지 미리 포함되어 계산되는 경우도 많아졌습니다. 그런데 정말 불쾌한 기분이 들 정도로 불친절한 서비스를 받았다면, 이럴 땐 팁을 어떻게 해야 할까요? 이럴 땐 굳이 팁을 다 주지 않아도 괜찮습니다. 팁은 좋은 서비스에 대한 감사함을 표하는 것이기 때문에 '좋은 서비스엔 좋은 팁, 나쁜 서비스엔 나쁜 팁'을 주면 된다고 생각하시면 됩니다.

자리가 안 좋으니 바꿔 달라고 하기

대부분의 미국 식당에서는 손님이 앉을 자리를 직원이 정해서 안내하고 손님이 빈 자리를 먼저 찾아서 앉는 일은 없습니다(단 원하는 자리 (ex: 창가, 부스, 바 등)가 있을 땐 직원에게 그곳에 앉고 싶다고 먼저 말할 수 있음). 하지만 안내 받은 자리가 마음에 들지 않을 땐 'Can we move to another table?(저희 다른 테이블로 옮겨도 되나요?)'라고 부탁할 수 있는데요. 특히 한국인들이 피하고 싶어 하는 자리가 바로 '화장실 옆'입니다. 단 미국 식당에선 화장실 근처라도 빈 자리가 있으면 앉을 수 있다고 생각하기 때문에 이 근처를 피하고 싶다고 말하면 잘 이해하지 못할 수도 있습니다.

- **Can we move to another table?**
  저희 다른 테이블로 옮겨도 되나요?

- **We don't want to sit next to** <u>싫은 장소</u> .
  _____ 옆엔 앉고 싶지 않아서요.

- **Did you just say '** <u>무례한 발언</u> **'?**
  당신 방금 '_____'라고 한 거죠?

- **I want to speak to your manager about** <u>언행</u> .
  매니저한테 _____에 대해 얘기 좀 하고 싶네요.

> **VOCAB**
>
> move to ~ ~으로 옮기다(이동하다) nonchalant 무심한 reserve 예약하다 except for ~ ~을 제외하고 shrug (어깨를) 으쓱하다

Excuse me,
can we move to another table?
We don't want to sit
next to the restroom.

저기요,
저희 다른 테이블로 옮겨도 되나요?
화장실 옆엔 앉고 싶지 않아서요.

The tables by the windows
are all reserved.

창가 쪽 테이블은 모두 예약됐습니다.

So, you're saying that
we can sit anywhere we want
except for the tables by the windows?

그러니깐, 창가 쪽 좌석 빼고 저희가 앉고 싶은
자리엔 어디든 앉아도 된다는 거죠?

Umm.. whatever..

아.. 그러든지 말든지요..

Did you just shrug your shoulders
and say 'Whatever'? I want to
speak to your manager
about your nonchalant attitude.

당신 방금 어깨 으쓱거리면서 '그러든지
말든지'라고 한 거죠? 매니저한테 그쪽의
무심한(나 몰라라 귀찮다는 듯한) 태도에
대해 얘기 좀 하고 싶네요.

 **Scene 030**

왜 내 음식만 안 나오냐고 항의하기

대부분의 미국 식당에서 직원들은 거의 최저 임금을 받고 손님에게서 받는 팁이 더 큰 소득원이 됩니다. 따라서 친절한 서비스가 기본 상식인데, 간혹 음식을 늦게 가져다 주거나 식사를 끝내지도 않았는데 그릇을 치우고 계산서를 갖다 줄 때만 친절하게 변하는 불친절한 직원들이 있습니다. 특히 내 음식만 늦게 나오는 부당한 경우엔 직원에게 음식을 한참 전에 주문했는데 'why it is taking so long(왜 이렇게 오래 걸리느냐)'고 항의하고, 만약 이에 대한 이유가 불합리하다면 'I don't want to wait anymore.(더는 기다리고 싶지도 않네요.)'라고 말한 뒤 식당을 나와도 됩니다.

- No one has explained why it is taking so long.
  왜 이렇게 오래 걸리는지 아무도 설명이 없네요.

- Other customers have already been served.
  다른 손님들은 이미 음식을 받았어요.

- Don't bother. I don't want to wait anymore.
  됐습니다(신경 쓰지 마세요). 더는 기다리고 싶지 않네요.

- I don't want to hear any more excuses.
  핑계를 더는 듣고 싶지 않네요.

VOCAB

it takes so long (시간이) 오래 걸리다 customer 손님 serve (음식을) 제공하다 bother 신경 쓰다. 애쓰다(수고하다) excuse 핑계

Excuse me,
I ordered 30 minutes ago
but no one has explained
why it is taking so long.

저기요,
저 30분 전에 주문했는데 왜 이렇게
오래 걸리는지 아무도 설명이 없네요.

Oh, so sorry, we have
a birthday party today.

죄송합니다,
오늘 생일 파티 손님이 계셔서요.

I get it but I see other customers
who ordered after me
have already been served.

이유는 알겠는데 저 다음으로 주문한 다른
손님들은 이미 음식을 받은 걸 봤어요.

I apologize for that.
Let me check on your order.

정말 죄송합니다.
주문을 확인해 보겠습니다.

Don't bother.
I don't want to wait anymore
or hear any more excuses.

됐습니다. 더는 기다리고 싶지도 않고
핑계도 더는 듣고 싶지 않네요.

음식이 잘못 나왔으니 바꿔 달라 하기

내가 주문한 음식이 아닌 다른 음식이 나왔을 땐 주저없이 직원에게
바로 말해야 하며, 혹 영어로 된 음식 이름이 발음하기 힘들다 해도 머
뭇거리지 말고 바로 말해야 합니다. 만약 메뉴판에 음식 사진이 없어
실제 나온 음식과 비교할 수 없거나 직원의 말만 듣고 음식을 주문한
경우라면 'Is this 음식 이름?(이게 ~이 맞나요?)'라고 물어보면 되고,
반대로 주문한 음식이 정확히 어떻게 나와야 하는지 아는 경우라면
'This is not what I ordered.(이건 제가 주문한 게 아닌데요.)'라고 말하
면 됩니다. 그리고 계산서 정정을 직원이 까먹을 수도 있으니 계산서도
정정해 달라 함께 말하는 게 좋겠죠?

- Is this <u>원래 주문한 메뉴</u>?
  이게 _____이 맞나요?

- This is not what I ordered.
  이건 제가 주문한 게 아닌데요.

- I ordered <u>원래 주문한 메뉴</u>.
  저는 _____을 주문했어요.

- You might need to correct the bill too.
  계산서도 고치셔야 될 거예요.

VOCAB

mashed potato 으깬 감자 Would you mind if ~? ~해도 될까요?
take ~ away ~을 치우다. ~을 가지고 가다 correct 고치다

Excuse me,
this is not what I ordered.

저기요,
이건 제가 주문한 게 아닌데요.

I'm sorry about that.
I'll check your order again.

죄송합니다.
제가 주문을 다시 확인해 볼게요.

I ordered
a medium rib eye steak
with mashed potatoes.

전 으깬 감자가 곁들여진
미디엄 립 아이 스테이크를 주문했어요.

I'll check in the kitchen.
Would you mind
if I take your dishes away?
I'll be right out with your order.

제가 주방에서 확인해 보겠습니다.
접시는 치워드려도 될까요?
주문하신 음식 바로 가져다 드릴게요.

Thanks. You might need
to correct the bill too.

감사합니다. 계산서도
고치셔야 될 거예요.

음식이 사진과 너무 다르다고 항의하기

실제로 나온 음식이 메뉴판의 사진/설명과는 너무 다르게 양도 적고 식재료도 다를 경우, 직원에게 이에 대해 문제 제기를 하고 취소/환불 등 정당한 보상을 요구해야 합니다. 단, 식당은 내가 먹을 음식이 나오는 곳이기 때문에 직원에게 항의할 때 다짜고짜 기분 나쁜 감정을 마구 쏟아내는 건 좋지 않으며, '제대로 된 보상'을 얻는 데 초점을 맞추고 예의를 갖춰 'It is totally different from the picture/description.(이거 사진/설명과는 완전히 다른데요.)'와 같이 잘못된 점을 제대로 지적하고 만약 직원의 태도가 불친절/무성의하면 더 이상 먹고 싶지 않으니 주문을 취소하겠다고 하면 됩니다.

- Is this <u>주문한 음식</u> ?

  이게 _____이 맞나요?

- It is totally different from the picture.

  이거(이 음식은) 사진과는 완전히 다른데요.

- This is a completely different dish.

  이건(이 음식은) 완전히 다른 음식이에요.

- I don't want it anymore. / I want to cancel it.

  이거 더 이상은 안 먹고 싶네요. / 주문 취소했으면 합니다.

> **VOCAB** -
>
> description 설명 modify 변경하다, 수정하다 ingredient (요리 등의) 재료 completely 완전히 expect 기대하다

**Excuse me,
is this Combo 3?**

저기요, 이게 콤보 3번이 맞나요?

Yes, it is.

네, 맞습니다.

**It is totally different
from the picture and
description in the menu.**

이거 메뉴판에 나와 있는 사진이랑
설명과는 완전히 다른데요.

**Sorry, that picture was taken
a while ago. We had to modify
the dish because the price
of the ingredients went up.**

죄송합니다. 그 사진은 얼마 전쯤
찍힌 거라서요. 식재료 가격이 올라서
음식을 좀 수정해야만 했습니다.

**This is a completely different
dish from what I was expecting.
I don't want it anymore.
I want to cancel it.**

이건 제가 생각했던 것과 완전히 다른
음식이에요. 이거 더 이상은 안 먹고 싶네요.
주문 취소했으면 합니다.

음식 맛이 설명과 다르다고 항의하기

자신 혹은 동행인이 꺼려하는 맛이 있을 경우, 직원에게 'What's in it?(여기에 뭐가 들어가나요?)'라고 묻고 식재료/맛에 대한 설명을 충분히 들은 다음 음식을 주문할 수 있습니다. 그런데 나온 음식이 설명과는 다르게 꺼려하는 맛이 강하게 날 경우, 'This is too 형용사.(이거 (맛이) 너무 ~한데요.), There are way too many 식재료 here.(여기에 ~이 이렇게 많잖아요.)'라고 항의할 수 있으며, 이렇게 나온 음식은 반환 및 환불이 가능한 경우도 많으니 'Can you take this back and take it off our bill?(이 음식은 도로 가져간 뒤 계산서에서 좀 빼 주시겠어요?)' 라고 물어보는 것이 좋습니다.

- **This is too 형용사 for 사람 to eat.**
  이건(이 음식은) _____이 먹기에 너무 _____하네요.

- **Didn't you say that it isn't too 형용사?**
  이게 너무 _____하진 않을 거라고 하지 않으셨나요?

- **There are way too many 식재료 here.**
  여기에 _____이 이렇게 많잖아요.

- **Can you take this back and take it off our bill?**
  이건(이 음식은) 도로 가져간 뒤 계산서에서 좀 빼 주시겠어요?

VOCAB

hot 뜨거운, (맛이) 매운 spicy 양념 맛이 강한, 매운 take ~ back ~을 도로 가져가다 take A off B B에서 A를 빼다

My kids said this is too hot for them to eat. Didn't you say that it isn't too spicy for kids?

우리 애들이 이 음식이 먹기에
너무 맵다고 하네요. 이거 애들한테
너무 맵진 않을 거라고 하지 않으셨나요?

This is the Thai salad with garlic dressing. This is how it comes.

이게 마늘 드레싱이 들어간 샐러드라서요.
이 음식이 원래 이렇게 나옵니다.

There are way too many chopped chilies and fresh garlic pieces here. There's no way they can eat this.

여기에 다진 고추와 생마늘이 이렇게 많잖아요.
이래선 애들이 이걸 먹을 수가 없죠.

Sorry about that. Other kids around their age can handle it.

죄송합니다. 비슷한 연령의
다른 아이들이 이걸 먹을 수 있어서요.

Maybe what's spicy for them is different. Can you take this back and take it off our bill?

그 아이들이 느끼는 매운 맛이 다를 수도 있죠.
이 음식은 도로 가져간 뒤
계산서에서 좀 빼 주시겠어요?

음식 냄새/맛이 이상하다고 항의하기

음식이 오래돼 보이거나 냄새나 맛이 이상할 땐 지체없이 직원에게 말하고 취소/환불 처리 등을 하는 것이 좋습니다. 혹 이런 문제가 있는 것 같은데도 우물쭈물 말도 못하고 음식을 먹다가 반 정도 남은 후 항의하게 되면 직원에게 무슨 말을 해도 설득력이 떨어질 수 있으니 음식을 한두 입 맛본 후 이런 문제가 감지되면 직원에게 'I ordered 음식 and it smells funny and doesn't look fresh.(제가 ~을 주문했는데 냄새가 이상하고 신선해 보이질 않네요.)'라고 재깍 말하고, 만약 입맛을 버려 더 이상 먹고 싶지 않다면 그냥 환불해 달라 요구해도 이상하게 여기지 않습니다.

- **음식명** smells funny and doesn't look fresh.
  _____이 냄새가 이상하고 신선해 보이질 않아요.

- **음식명** is super dry and looks stale.
  _____이 너무 퍼석퍼석하고 오래돼 보여요.

- I don't want anything else.
  다른 건 원치 않아요. (= 다른 건 필요 없습니다.)

- Can you just give me a refund?
  그냥 환불해 주시겠어요?

VOCAB

funny 웃긴, 기이한 take a look at ~ ~을 한번 보다 super 굉장히, 극도로 dry 마른, 건조한(퍼석퍼석한) stale (만든 지) 오래된

Hi,
I ordered the broccoli beef
but it smells funny and
doesn't look fresh.

저기요,
제가 브로콜리 비프를 주문했는데
냄새가 이상하고 신선해 보이질 않네요.

Oh, I'm sorry about that.
Can I take a look at it?

그러시다니 죄송합니다.
제가 한번 살펴봐도 될까요?

Yes, here it is.
And the fried rice and
the chow mein are
super dry and look stale too.

네, 여기 있어요.
그리고 볶음밥이랑 차우멘도
너무 퍼석퍼석하고 오래돼 보여요.

I apologize for that.
Can I get you something else?

정말 죄송합니다. 다른 걸로 갖다 드릴까요?

No, I don't want anything else.
Can you just give me a refund?

아니요, 다른 건 필요 없습니다.
그냥 환불해 주시겠어요?

음식/식기 위생이 불결하다고 항의하기

음식에서 이물질이 나오거나 식기에 얼룩이 있는 등의 '위생 문제'가 발생한 경우, 이에 대해 항의하며 주문 취소/환불을 진행하고 필요하다면 피해 보상까지 요구해야 합니다. 참고로 '음식에 문제가 있다'고 영어로 말할 때 'I have a problem with ~.(제게 ~와 관련해 문제가 있어요.)'라고 하면 '내 자신에게 문제가 있다'는 뉘앙스로 여겨지기 때문에 'There's a problem with ~.(~에 문제가 있습니다.)'라고 말해야 합니다. 덧붙여 환불하고 식당을 떠날 것이 아니라 문제 해결 후 식당에서 계속 밥을 먹을 거라면 직원이나 주방장이 너무 심한 모멸감이 들지는 않게 말하는 것이 좋습니다.

- There's a problem with my food.
  제 음식에 문제가 좀 있는데요.

- Here are 숫자 strand(s) of hair in it.
  여기 안에 머리카락 _____ 가닥이 있어요.

- There is lipstick stain on the cup.
  컵에 립스틱 자국(얼룩)이 있어요.

- I just want to cancel my order.
  그냥 주문 취소하고 싶습니다.

VOCAB

strand (머리카락 등의) 가닥 disgusting 역겨운 (문맥상 '비위가 상하는'으로 해석) be disappointed with ~ ~에 실망하다 lack of ~ ~이 부족한

**Excuse me,
there's a problem with my food.**

저기요,
제 음식에 문제가 좀 있는데요.

 What is it?

무슨 문제인가요?

**Here are two strands
of hair in it. I can't eat this.
It's disgusting.**

여기 안에 머리카락 두 가닥이 있어요.
저 이거 못 먹겠습니다.
비위 상하네요.

**Oh, I am so sorry about that.
I'll bring a new one for you.**

대단히 죄송합니다.
새 음식으로 가져다 드리겠습니다.

**No, you don't need to.
I just want to cancel my order.
And there is lipstick stain on the cup.
I was disappointed with your food
and lack of cleanliness.**

아뇨, 그러실 필요 없어요.
그냥 주문 취소하고 싶습니다.
그리고 컵에 립스틱 자국도 있어요.
여기 음식과 미흡한 위생 상태가 정말 실망이네요.

불친절한 직원의 태도를 지적하기

식당 직원들이 다른 손님들에게는 친절한 반면 내게만 불친절하게 구는 것처럼 느껴질 때가 있는데, 이럴 땐 이를 무조건 '인종 차별'로 여겨 날카롭게 대응하지 말아야 합니다. 처음엔 원하는 것을 반복적으로 요청해 보고, 이후에도 직원이 의도적으로 계속 불친절하다면 'You acted like you didn't want to serve us all evening!(저녁 내내 저희 테이블에 서빙해 주기 싫은 것처럼 행동하시네요!)'와 같이 불친절한 '행동'을 콕 집어 지적하는 것이 좋으며, 덧붙여 이렇게 불친절한 직원에게 팁을 줄지 말지 고민이 될 수 있는데 팁은 법적 의무가 아니기 때문에 굳이 줄 필요는 없습니다.

- I just want you to know how bad <u>명사</u> was!
  _____이 얼마나 나빴(불친절했)는지 좀 아셨으면 좋겠네요!

- You acted like you didn't want to <u>동사</u>!
  _____하기 싫은 것처럼 행동하셨잖아요!

- And now you want a tip?
  그러면서 지금 팁을 원하시는 거예요?

- Be friendlier to your customers!
  손님들에게 좀 더 친절하게 행동하세요!

> **VOCAB**
> be supposed to ~ ~하기로 되어 있다(해야 한다) act like ~ ~처럼 행동하다 expect 기대하다 friendly 친절한 (비교급: friendlier)

Hey, I just want you to know how bad your service was!

저기요, 그쪽 서비스가 얼마나 불친절했는지 좀 아셨으면 좋겠네요!

Excuse me? I did everything I was supposed to do.

무슨 말씀이시죠? 전 제가 해야 할 일은 다 했는데요.

You acted like you didn't want to serve us all evening! And now you want a tip?

저녁 내내 저희 테이블에 서빙해 주기 싫은 것처럼 행동하셨잖아요! 그러면서 지금 팁을 원하시는 거예요?

No! I'm expecting a tip because I gave you the best service I could.

아닌데요! 전 제가 할 수 있는 최상의 서비스를 드렸기 때문에 팁을 바라는 거예요.

I guess we have different ideas about what good service is. Here's a tip - be friendlier to your customers!

좋은 서비스란 개념에 대해 우린 서로 다른 생각을 갖고 있는 것 같군요. 조언 하나 하죠. 손님들에게 좀 더 친절하게 행동하세요!

Review & Practice

① _____

저 30분 전에 주문했는데 왜 이리 오래 걸리는지 설명이 없네요.

_____ ②

정말 죄송합니다. 주문을 확인해 보겠습니다.

③ _____

(음식이 나온 후) 저기요, 이건 제가 주문한 게 아닌데요.

_____ ④

죄송합니다. 주문하신 음식 바로 가져다 드릴게요.

⑤ _____

(제대로 나온 후) 이게 콤보 3번인가요? 사진이랑 완전 달라요.

_____ ⑥

죄송합니다. 식재료 가격이 올라 음식을 좀 수정해야 했어요.

⑦ _____

그리고 우리 애들이 이 음식이 먹기에 너무 맵다고 하고요.

_____ ⑧

죄송합니다. 또래의 다른 아이들은 이걸 먹을 수 있어서요.

⑨ _____

게다가 여기 안에 머리카락 두 가닥이 있어요. 비위 상하네요.

_____ ⑩

(동행인) 볶음밥이랑 차우멘도 너무 퍼석퍼석하고 오래돼 보여요.

⑪ _____

대단히 죄송합니다. 새 음식으로 가져다 드리겠습니다.

_____ ⑫

아뇨, 그러실 필요 없어요. 그냥 주문 취소하고 싶습니다.

--- 정답 ---

① I ordered 30 minutes ago but no one has explained why it is taking so long.

② I apologize for that. Let me check on your order.

③ Excuse me, this is not what I ordered.

④ I'm sorry about that. I'll be right out with your order.

⑤ Is that Combo 3? It is totally different from the picture.

⑥ Sorry, we had to modify the dish because the price of the ingredients went up.

⑦ And my kids said this is too hot for them to eat.

⑧ Sorry about that. Other kids around their age can handle it.

⑨ And here are two strands of hair in it. It's disgusting.

⑩ The fried rice and the chow mein are super dry and look stale too.

⑪ I'm so sorry about that. I'll bring a new one for you.

⑫ No, you don't need to. I just want to cancel my order.

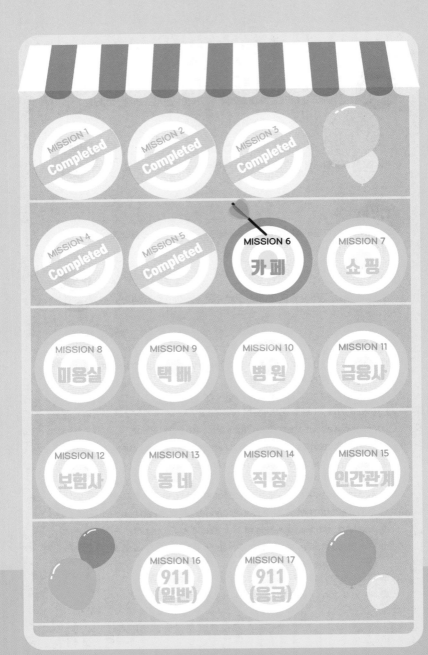

MISSION

6

카페

인종 차별엔
'휴대폰 촬영'을
활용하면 Good!

▶ 가게에 따라 직원들의 '직업 의식'이 낮은 경우가 있다.

미국의 작은 카페나 패스트푸드점 등에서 주문을 받거나 청소하는 직원들은 파트 타임 개념으로 일하는 나이 어린 학생들이 많고 실제 '직장인'이라 불릴 수 있는 전문 직종은 아니기 때문에 직원들의 교육 수준이나 직업 의식이 낮은 경우가 많습니다. 이와 더불어 손님을 존중해야 한다는 윤리 의식 또한 낮은 경우가 많기 때문에 한국인을 포함한 동양인 손님들을 대상으로 '김치, 칭챙총'이라고 써진 영수증을 준다거나 음료수 컵에 동양인의 찢어진 눈 모양을 그려 넣어 주는 인종 차별적인 행동을 하는 경우가 종종 발생하곤 합니다.

▶ 직원의 '인종 차별'엔 휴대폰 촬영을 활용하면 Good!

직원에게 이 같은 인종 차별을 직접 당하게 되면 큰 충격과 당혹감에 휩싸이게 되는데요. 만약 이런 일을 실제 당하게 된다면 침착하게 휴대폰 카메라의 녹화 기능을 켜서 직원의 이름을 묻고, 그 사람이 어떤 문제를 일으켰는지 따지면서 상사나 매니저를 불러 달라고 하며 기록을 남기면 효과적입니다. 간혹 이 같은 영상 기록이 증거로서 효력이 없다고 의심하는 사람들도 있지만 이는 꼭 법정에서 증거로 쓰기 위한 것이 아니더라도 내가 겪은 부당한 대우와 직원의 행동 및 처리 과정 일체를 보여 줄 수 있는 좋은 증거이자 방법입니다.

▶ BBB(소비자보호원)에 신고하는 것도 좋은 방법

BBB는 Better Business Bureau의 약자로서 한국으로 치면 '소비자보호원'에 해당합니다. 만약 직원에게 부당한 대우를 당해 상사와 매니저까지 불러 이에 대해 항의했는데 오히려 직원의 잘못된 행동을 감싸고 피해자인 나를 더 곤경에 빠뜨린다면 해당 회사의 고객서비스 센터 및 BBB에 신고하면 됩니다. BBB에 신고하면 해당 회사가 조사를 받거나 소비자 등급이 떨어지는 등 골치 아픈 일들이 생길 수 있기 때문에 해당 회사에서 문제를 잘 해결하려고 노력할 것입니다.

왜 내 음료만 안 나오냐고 항의하기

카페에서 나보다 늦게 주문한 사람들은 음료를 벌써 다 받아 갔는데 유독 내 음료만 늦게 나온다면(단, 한국의 빠른 서비스를 기준으로 느리게 나오는 것이 아닌 '상식적으로' 너무 오랜 시간이 지났거나 다른 손님과 비교해서 늦게 나오는 경우) 계산대나 픽업 스탠드에 가서 'I ordered 숫자 drinks 숫자 minutes ago. How long will it be?(~분 전에 음료 ~잔을 주문했는데요. 얼마나 더 오래 기다려야 하나요?)'와 같이 물어보면 되고, 만약 직원이 말하는 이유가 내 음료만 느리게 나오는 걸 설명하기에 합당하지가 않다면 다른 사람들은 다 받아갔다고 말하며 항의하면 됩니다.

- I ordered __숫자__ drink(s) __숫자__ minutes ago.
  제가 _____분 전에 음료 _____잔을 주문했는데요.

- How much longer will it be?
  얼마나 더 오래 걸리나요(기다려야 하나요)?

- Other people have already gotten their drinks!
  다른 사람들은 이미 음료를 받아 갔어요!

- It makes no sense to have to wait this long.
  이렇게 오래 기다려야 된다는 건 말이 안 돼요.

VOCAB

after me 내 다음으로 get one's drink(s) ~의 음료를 받다 it makes no sense to V ~하는 건 말이 안 된다(이치에 맞지 않다)

I ordered two drinks 20 minutes ago. How much longer will it be?

제가 20분 전에 음료 두 잔을 주문했는데요.
얼마나 더 오래 기다려야 하나요?

We are getting so many orders right now. Sorry, it will just be a little longer.

저희가 지금 주문이 너무 많아서요.
죄송하지만, 시간이 좀 더 걸리겠네요.

But other people who got here after me have already gotten their drinks!

하지만 저보다 뒤에 온 다른 사람들은
이미 음료를 받아 갔어요!

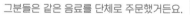

That's because they ordered the same drinks for a group.

그분들은 같은 음료를 단체로 주문했거든요.

I only ordered two drinks, an Americano and a Latte. These are the simplest coffees you could possibly make. It makes no sense to have to wait this long for them.

전 아메리카노와 라떼, 이렇게 두 잔만 주문했다고요.
이건 만들기 가장 간단한 커피일 텐데요. 이 두 잔
때문에 이렇게 오래 기다려야 된다는 건 말이 안 돼요.

 **Scene 038**

커피가 너무 연하다/진하다고 말하기

커피 맛이 너무 연하거나 너무 진할 경우, 카운터로 가서 커피 맛이 입에 안 맞는다고 설명하면 대개는 흔쾌히 사과한 후 다시 만들어 줍니다. 그리고 한국어로는 '너무 연하다 = 싱겁다'라고 말하곤 하는데, 영어로 '싱겁다'는 뉘앙스로 말하고 싶을 땐 'too watery/milky(물/우유가 너무 많아 싱거운)'이라고 하면 됩니다. 그리고 커피가 너무 진하면 직원에게 직접 물을 타 달라 하지 말고 다른 컵에 뜨거운 물을 달라고 한 뒤 스스로 희석시켜 먹는 게 좋으며, 커피 맛을 흔쾌히 조절해 준 직원에겐 카운터 앞에 높인 'Tip Jar(팁 통)'에 팁 1달러 정도를 감사한다는 인사와 함께 넣어 주면 좋습니다.

- It's way too __형용사__ . / It's as strong as __명사__ .
  이게 너무 _____ 해요. / 이게 _____ 만큼(처럼) 너무 진해요.

- Can you pour some out?
  커피를 조금 덜어 주시겠어요?

- Can you give me an extra shot?
  샷을 추가해 주시겠어요?

- Could you give me a cup of hot water?
  뜨거운 물 한 잔만 주실 수 있나요?

VOCAB

milky 우유가 든, 우유로 만든 remake 다시 만들다 dilute 희석시키다
be a pain 고통이 되다 (여기선 '수고스럽게 되다'로 해석)

I ordered a latte but it's way too milky. Can you pour some out and give me an extra shot?

제가 라떼를 시켰는데 우유가 많아 너무 연하네요.
커피를 조금 덜고 샷을 추가해 주시겠어요?

I'm sorry about that.
I'll get a new one for you.

죄송합니다. 제가 새 걸로 드릴게요.

Thank you! And I'm sorry,
but my Americano has an issue too.
It's as strong as an espresso.
Would you remake it, or give me
a cup of hot water so I can dilute it?

감사합니다! 그리고 죄송하지만 제 아메리카노에도
문제가 있는데요. 이게 에스프레소처럼 너무 진해서요.
혹시 다시 만들어 주시거나, 아니면 희석시킬 수
있게 뜨거운 물 한 잔만 주실 수 있나요?

Oh, of course. Let me
remake it for you. Sorry.

물론이죠. 다시 만들어
드리도록 하겠습니다. 죄송합니다.

I really appreciate it.
Sorry for being a pain.

정말 감사합니다.
수고스럽게 해 드려 죄송해요.

커피가 너무 미지근하다고 말하기

차가운(뜨거운) 커피가 너무 안 시원한(안 뜨거운) 경우 한국어로는 흔히 '커피가 미지근하다'라고 표현하곤 하는데, 영어에는 '미지근하다'에 해당하는 단어가 없기 때문에 'not cold enough(충분히 안 차가운 → 별로 안 시원한), not hot enough(충분히 안 뜨거운 → 별로 안 뜨거운)'과 같이 커피의 온도를 구체적으로 설명해야 합니다. 그리고 이 같이 커피의 온도가 만족스럽지 않음을 설명한 뒤엔 [커피가 별로 안 시원한 경우] → put more ice in it(여기에(커피에) 얼음을 좀 더 넣어 달라), [커피가 별로 안 뜨거운 경우] → heat it up(이걸(커피를) 좀 데워 달라)'와 같이 요청하시면 됩니다.

- I ordered 음료 but it is not 형용사 enough.
  제가 _____을 주문했는데 이게 별로 _____하지 않아요.

- Can you put some more ice in it?
  얼음 좀 더 넣어 주시겠어요?

- I don't want my 음료 to be too 형용사 .
  _____가 너무 _____하게 되진 않았으면 해요.

- Can you heat it up?
  이것 좀 데워 주실 수 있나요?

> VOCAB
>
> not ~ enough 충분히 ~하지 않은, 별로 ~하지 않은 room 공간 ice cube (음료에 넣기 위한) 얼음덩이 heat up 데우다

**I ordered an iced Americano
but it is not cold enough.
Can you put some more ice in it?**

제가 아이스 아메리카노를 주문했는데
이게 별로 시원하지가 않아서요.
얼음 좀 더 넣어 주시겠어요?

**Sure! But it needs some room,
can I pour some coffee out?**

그럼요! 그런데 공간이 좀 필요해서 그런데,
커피를 좀 덜어 내도 될까요?

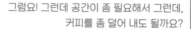

**I don't want my coffee
to be too watery.
Can you just put in three ice cubes?
I think that's enough.**

커피에 물이 너무 많아 연해지진 않았으면 해요.
얼음을 세 조각만 넣어 주실 수 있나요?
그거면 될 것 같아요.

Sure, no problem.

그럼요, 되고 말고요.

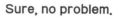

**And I ordered this hot latte too
but it's not hot enough.
Can you heat it up?**

그리고 여기 뜨거운 라떼도 주문했는데
이게 별로 뜨겁지가 않아서요.
이것 좀 데워 주실 수 있나요?

내 영어를 무시하는 직원에게 항의하기

동양인에 대한 일부 미국 직원들의 인종 차별적 행동엔 나쁜 서비스, 외모 비하 외에 '영어'에 대한 무시도 있습니다. 예를 들면 내 영어를 다 알아들었는데도 계속 못 알아듣는 척을 한다던가, 고의로 내 영어 액센트를 따라 하는 등의 차별적인 행동을 하는 경우가 있는데, 특히 작은 카페나 햄버거 가게 같은 곳의 직원들은 고등학생/대학생 같은 나이 어린 단기 직원인 경우가 많아 직업 의식이 약하여 이런 행동을 하는 일이 잦을 수 있습니다. 하지만 이런 불쾌한 일을 계속 참고 넘기면 제2의 피해자가 생길 수 있으니 매장을 책임지는 관리자를 불러 말을 하는 것이 좋습니다.

- Why do you keep pretending like you <u>동사</u>?
  왜 자꾸 _____하는 척 하는 거죠?

- Can I see you manager, please?
  당신 매니저 좀 볼 수 있을까요?

- I want to talk about your bad service/attitude.
  그쪽의 형편없는 서비스/태도에 대해 얘기 좀 하고 싶네요.

- This place will lose customers if <u>주어+동사</u>.
  _____이면 여기 고객이 떨어질 거란 걸 그분도 알아야 돼요.

VOCAB

pretend like ~ ~인 척하다 get one's act together 마음(자세)를 가다듬다, 정신 차리다 (문맥상 '행동을 똑바로 하다'라고 해석)

Excuse me, why do you keep pretending like you don't understand me? I don't think 'Americano' isn't that hard to understand.

저기요, 왜 자꾸 제 말을 못 알아듣는 척 하는 거죠?
'아메리카노'가 그렇게 이해하기 힘든 말은 아닐 텐데요.

What? I just don't understand your English.

네? 전 그저 그쪽 영어가 이해가 안 될 뿐이에요.

Can I see your manager, please? I want to talk about your bad service and attitude.

당신 매니저 좀 볼 수 있을까요? 그쪽의 형편없는
서비스와 태도에 대해 얘기 좀 하고 싶네요.

I just needed more time to get what you were trying to say.

전 단지 손님께서 뭘 말씀하시려고 하는 건지
이해하는 데 시간이 더 필요했을 뿐입니다.

NOW you understand my English? I still want the manager - he should know that this place will lose customers if you don't get your act together.

이젠 제 영어를 알아들을 수 있나 보네요?
매니저 분 뵐 겁니다. 당신이 행동 똑바로 안 하면
여기 고객이 떨어질 거란 걸 그분도 알아야 돼요.

 **Scene 041**

동양인 비하에 대해 항의하기 (1)

계산을 하고 있는데 직원들끼리 동양인인 내 외모를 흉내 내며(ex: 눈을 찢는 등) 놀리는 모습을 보게 되면 부끄러운 것을 떠나 너무 화가 나고 당황스러워 이걸 따져야 할지 말지 심장이 뛰게 됩니다. 만약 실제로 이런 일을 겪게 되면 침착하게 그 직원들의 행동을 유심히 관찰하며 녹음하거나 촬영하고(법적 증거 능력이 없을 수도 있지만 누군가에게 증명할 수 있는 자료로서 쓸 수 있음) 그 자리에서 바로 그 직원의 행동을 지적한 뒤 관리자/상사를 불러 말해야 합니다. 또한 너무 흥분해서 말하면 되려 이상한 사람으로 몰릴 수 있으니 침착하게 단호한 어조와 눈빛으로 말해야 합니다.

- **I just heard you mocking me. What's so funny?**
  그쪽이 저 놀리는 거 들었는데요. 뭐가 그렇게 웃긴 거죠?

- **I heard you making fun of me, 동사-ing .**
  그쪽이 _____ 하면서 저 놀리는 거 들었다고요.

- **I want to talk to your manager RIGHT NOW.**
  지금 당장 그쪽 매니저와 얘기했으면 하네요.

- **What does your name tag say? ' 이름 '?**
  명찰에 뭐라고 써 있죠? '_____'?

  VOCAB --

  mock 놀리다, 조롱하다 make fun of ~ ~을 놀리다 mimic 흉내 내다
  slant one's eyes (동양인 외모를 조롱하듯) 눈을 찢어 올리다

Hey, I just heard you and your coworker mocking me. What's so funny?

저기요, 그쪽이랑 다른 직원 분이 저 놀리는 걸 들었는데요. 뭐가 그렇게 웃긴 거죠?

We weren't laughing at you. We were chatting and joking about something else.

손님 보고 비웃은 거 아닌데요. 저흰 그냥 다른 얘기하면서 농담하고 있었어요.

I heard you two making fun of me, mimicking my accent and slanting your eyes! I took a video of you too.

그쪽 둘이서 제 억양 따라하고 눈 찢어 올리면서 놀리는 거 들었다고요! 제가 당신들 비디오도 찍었어요.

I think you're overreacting. It wasn't a big deal.

과민 반응하시는 거 같네요. 이게 그렇게 큰 일도 아니고 말이죠.

I want to talk to your manager RIGHT NOW! What does your name tag say? Peter? Got it. We'll see what the big deal is.

지금 당장 그쪽 매니저와 얘기했으면 하네요! 명찰에 뭐라고 써 있죠? Peter? 잘 알았습니다. 뭐가 큰 문제인지는 곧 알게 될 거예요.

동양인 비하에 대해 항의하기 (2)

외모 비하 외에도 음료 영수증에 동양인을 조롱하는 그림이나 문구를 쓰는 인종 차별적인 행동을 하는 경우가 있을 수 있는데요. 이럴 경우 영수증을 들고 관리자를 찾아가거나 이메일/전화로 관련 회사에 바로 연락해서 이를 알려야 합니다. 특히나 영수증엔 음료를 구매한 날짜와 시간이 적혀 있기 때문에 신고하기 더욱 좋을 수 있습니다. 만약 불쾌한 마음만 안고 신고하지 않으면 또 다른 희생자가 계속 나올 수 있으니 반드시 신고하는 것이 좋고, 미국에선 이 같은 인종 차별적 행동에 강경하게 대응하는 문화가 있으니 회사 입장에서 적극적으로 조치를 취하려고 할 것입니다.

- Is this how you treat your Korean customers?
  여긴 한국 손님들을 이런 식으로 대하나요?

- There won't be a next visit.
  다음 방문은 없을 겁니다.

- This is going on <u>소셜 미디어명</u>.
  이거(이번 사건을) _____에 올릴 겁니다.

- I'll be writing a Yelp review too.
  옐프(미국 최대의 리뷰 사이트) 리뷰도 쓸 겁니다.

> VOCAB
> --
> on the back of ~ ~의 뒤에 receipt 영수증 slanted eyes 찢어진 눈 inappropriate 부적절한 next visit 다음 방문

Hi, this is the picture one of
your employees drew
on the back of my receipt.

저기요, 이게 그쪽 직원 중 한 명이
제 영수증 뒤에다가 그린 그림인데요.

Let me see. What is this?

어디 한번 볼게요. 이게 뭔가요?

It's a monkey with slanted eyes
and it says 'kimchi'. Is this how you
treat all of your Korean customers?

찢어진 눈을 한 원숭이가 '김치'라고 하고 있는 거예요.
여긴 모든 한국인 손님들을 이런 식으로 대하나요?

No, sir. I apologize for
this inappropriate behavior.
Let me give you a refund and
a coupon for your next visit.

아닙니다, 손님. 직원의 부적절한 행동에
대해 사과드립니다. 환불 처리해 드리고 다음
방문 시 사용 가능한 쿠폰을 드리겠습니다.

Oh, there won't be a next visit,
believe me. This is going on
Instagram and I'll be writing
a Yelp review too.

아, 다음 방문은 없을 겁니다, 정말로요.
이거 인스타그램에 올리고 옐프 리뷰도 쓸 겁니다.

Review & Practice

① _____
제가 20분 전에 음료 두 잔을 시켰는데, 얼마나 더 오래 걸리죠?

_____ ②
저희가 지금 주문이 너무 많아서요. 시간이 좀 더 걸리겠네요.

③ _____
(받은 후) 제 커피가 별로 안 뜨거운데요. 좀 데워 주실래요?

_____ ④
(직원 대답 없음) 저기요, 왜 자꾸 제 말 못 알아듣는 척 하세요?

⑤ _____
네? 전 그저 그쪽 영어가 이해가 안 되는 것뿐인데요.

_____ ⑥
그리고 그쪽이 눈 찢으면서 저 놀리는 것도 다 들었어요!

⑦ _____
과민 반응하시는 거 같네요. 이게 그렇게 큰 일도 아니고.

_____ ⑧
지금 당장 그쪽 매니저와 이야기했으면 하네요!

⑨ _____

(매니저 등장) 직원의 부적절한 행동에 대해 사과드립니다.

_____ ⑩

여긴 모든 한국인 손님들을 이런 식으로 대하나요?

⑪ _____

환불 처리해 드리고, 다음 방문 시 사용 가능한 쿠폰도 드릴게요.

_____ ⑫

저 이거 인스타그램에 올리고 옐프 리뷰도 쓸 겁니다.

정답

① I ordered two drinks 20 minutes ago. How much longer will it be?

② We are getting so many orders right now. It will just be a little longer.

③ My coffee is not hot enough. Can you heat it up?

④ Hey, why do you keep pretending like you don't understand me?

⑤ What? I just don't understand your English.

⑥ And I heard you making fun of me, slanting your eyes!

⑦ I think you're overreacting. It wasn't a big deal.

⑧ I want to talk to your manager right now!

⑨ I apologize for his inappropriate behavior.

⑩ Is this how you treat all of your Korean customers?

⑪ Let me give you a refund and a coupon for your next visit.

⑫ This is going on Instagram and I'll be writing a Yelp review too.

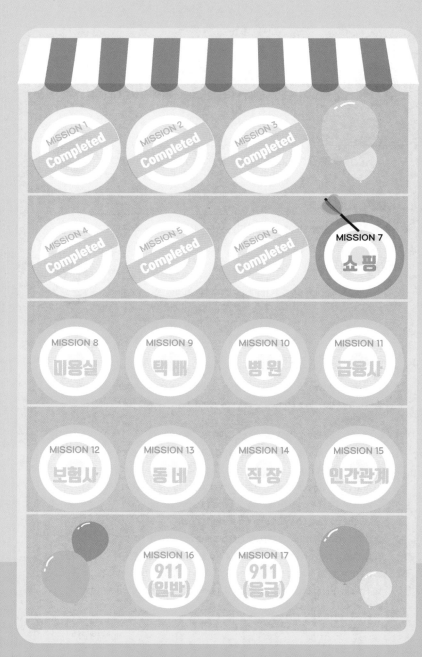

MISSION
7

쇼핑

문화
엿보기

미국 온라인
쇼핑몰에서 산
물건의 반품/환불

▶ 미국에서 온라인으로 산 물건을 '반품/환불'하는 절차

미국에서 온라인으로 물건을 사는 과정은 한국과 그렇게 큰 차이가 없지만 반품 및 환불 절차는 다소 차이가 있기 때문에 관련 절차를 잘 숙지해 둬야 합니다. 일단 온라인으로 산 물건을 환불하고자 할 땐 구매한 업체에 반품에 필요한 'return label(반송 라벨)'부터 요청해서 받아야 하는데, 요즘엔 온라인 쇼핑몰이 잘 되어 있어 해당 쇼핑몰의 'return(반송)' 섹션으로 들어가서 나의 구매 목록을 확인한 다음 반품을 요청하면 나의 이메일로 반송 라벨이 자동 전송됩니다. 그 후 반송 라벨을 받아 물건을 반품시킬 땐 물건이 왔을 때 담겨 있던 박스에 넣어 꼭 구매 업체에서 지정한 배송 업체를 이용하여 반품해야 합니다. (내 마음대로 아무 배송 업체를 이용해선 안 됩니다.)

▶ 처리에 문제가 있을 땐 '이메일 & 전화'로 문의

이렇게 물건을 반품시키고 환불을 요청했는데도 업체에서 물건을 못 받았다고 하거나 환불 처리가 늦어지는 일이 있을 수 있는데, 이럴 땐 이메일로 문제 해결을 요청한 다음 전화로 문의하는 것이 가장 좋습니다. 사실 이메일이나 전화, 이 둘 중 하나만 해도 충분하지만 이메일은 처리 과정을 증거로 남겨 놓기에 좋은 수단이고 전화는 이메일보다 더 빠르고 직접적으로 문제 해결을 요청하기에 좋은 수단이기 때문에 이 둘을 모두 병행하는 것이 가장 효과적입니다.

▶ 업체에 이메일과 전화로 문의할 때 알아 둘 점

단, 영어가 아직 완전히 편하지 않은 경우엔 이메일과 전화로 문의하는 것이 부담스럽게 느껴질 수가 있는데, 반품과 환불 시 말해야 하는 정보들(ex: order number(물건 주문 번호), 연락처 및 주소와 같은 개인 정보) 및 사용할 수 있는 영어 표현들은 정해져 있는 편이기 때문에 이것만 잘 숙지해 두고 말해도 업체에 필요한 정보가 충분히 잘 전달되니 긴장하지 않아도 됩니다.

(마켓) 할인가가 적용 안 됐다고 말하기

제품 하나를 사면 다른 하나는 무료인 할인 행사, 일명 '1+1(원플러스 원)' 할인 행사는 미국에선 Buy One Get One Free라 하고, 전화 문자 나 광고지엔 앞 글자만 따서 'BOGO'라고 많이 씁니다(단, 읽을 땐 원 래 명칭대로 읽음). 이 같은 BOGO 할인 행사에선 당연히 할인가에 물 건을 사게 되는데, 간혹 할인가가 아닌 원래 가격으로 잘못 계산되는 착오가 발생하기도 합니다. 이럴 땐 'I think there is a mistake on my bill.(계산서에 착오가 있는 것 같은데요.)'라고 말한 뒤 원래 가격과 할 인가의 '차액(difference: 여기선 '금액 간의 차이'를 의미)'을 돌려받으 면 됩니다.

- **I think there is a mistake on my bill.**
  계산서에 착오가 있는 것 같은데요.

- **You charged me the original price.**
  제게 원래 가격 그대로 계산하셨더라고요.

- **I think you owe me 숫자 more dollar(s).**
  제 생각엔 저한테 _____ 달러를 더 주셔야 할 것 같은데요.

- **The difference should be 숫자 dollar(s).**
  차액이 _____ 달러가 돼야 맞거든요.

VOCAB

bill 계산서 Buy One Get One Free 하나 사면 하나 무료 (원 플러스 원)
original price 정가 difference 차이 (여기선 '차액'으로 해석)

Excuse me,
I think there is a mistake
on my bill.

저기요,
계산서에 착오가 있는 것 같은데요.

Ok, what's the error?

네, 뭐가 잘못됐나요?

The shrimp were
Buy One Get One Free
but you charged me
the original price.

새우가 하나 사면 하나 무료인
상품이었는데, 제게 원래 가격
그대로 계산하셨더라고요.

Ok, I'm sorry.
The difference is 8 dollars.

그렇군요, 죄송합니다.
차액이 8달러네요.

I think you owe me
two more dollars,
the difference
should be 10 dollars.

제 생각엔 저한테 2달러를
더 주셔야 할 것 같은데요,
차액이 10달러가 돼야 맞거든요.

(마켓) 계산이 잘못 되었다고 말하기

물건 값을 결제하다 보면 같은 물건이 중복 계산되거나 빼기로 한 품목이 추가 결제되는 실수가 발생하기도 합니다. 이럴 땐 '직원이' 내게 잘못된 물건 값을 부과하고 '직원이' 물건을 안 빼고 계산한 것이기 때문에 'You charged me twice for the same item.(당신이 내게 같은 물건을 두 번 계산했다.), You didn't take it off.(당신이 그걸 빼지 않았다.)'와 같이 정확히 말해야 소통이 원활합니다. 그리고 환불 받을 땐 신용 카드나 현금 중 무엇으로 돌려받고 싶은지 직원이 물어보게 되는데, 신용 카드는 'on one's credit card', 현금은 'in cash'와 같이 각기 다른 전치사를 써서 말합니다.

- I just looked at my receipt and saw __주어+동사__ .
  제가 방금 영수증을 봤는데 _____이더라고요.

- You charged me twice for the same item.
  같은 물건을 두 번 계산하셨더라고요.

- I asked you to put the __상품__ back.
  제가 _____을 도로 갖다 놔 달라고 했었는데요.

- You didn't take it off.
  그걸(그 물건을) 안 빼셨더라고요.

> **VOCAB**
>
> look at ~ ~을 보다(살피다) twice 두 번 put ~ back ~을 도로 갖다 놓다 take ~ off (표시된 금액 등에서) ~을 빼다

Excuse me, I just looked at my receipt and saw you charged me twice for the same item.

저기요, 제가 방금 영수증을 살펴봤는데
같은 물건을 두 번 계산하셨더라고요.

Let me check. I'll refund 5 dollars for the difference.

확인해 보겠습니다. 차액으로
5달러를 돌려 드리겠습니다.

Sorry, there is just one more error. I asked you to put the ice cream back but you didn't take it off.

죄송한데, 한 가지 더 잘못됐어요.
제가 아이스크림을 도로 갖다 놔 달라고
했는데 그걸 안 빼셨더라고요.

Oh, sorry about that. I'll refund you for both items. Do you want it on your credit card or in cash?

아, 그러셨다니 죄송합니다. 두 개 모두
환불 처리해 드리겠습니다. 신용 카드와
현금 중 어떤 걸로 환불 받으시겠어요?

I want cash please. Thank you.

현금으로 받을게요. 감사합니다.

(마켓) 최저가 보상 및 포인트 요구하기

미국의 쇼핑 제도 중엔 이미 구매한 제품을 동일 매장에서 할인가에 판매하는 걸 발견했거나 다른 매장에서 더 저렴하게 판매하는 걸 발견했을 때 할인가에 맞춰 차액을 보상 받을 수 있는 'price match guarantee(최저가 보상)', 그리고 교환/환불이 안 될 경우 지불했던 가격만큼 포인트를 받아 현금처럼 다시 쓸 수 있는 'store credit(상점 포인트)' 제도가 있습니다. 이것은 미국에서 쇼핑할 때 알아야 할 생활 상식이니 꼭 알아 두는 것이 좋으며, 참고로 미국 상점에서 의류 제품을 환불하고자 할 땐 한 번도 안 입었고 세탁하지 않았다 할지라도 상품의 라벨을 절대 떼어서는 안 됩니다.

- **I found a better price somewhere else.**
  다른 곳에서 더 저렴한 가격대를 발견했어요.

- **Do you have a price match guarantee?**
  여기 최저가 보장이 되나요?

- **I haven't <u>p.p.</u> it. It's still brand new.**
  저 한 번도 그걸 _____ 한 적이 없어요. 이거 아직도 새 거라고요.

- **Can you offer me store credit instead?**
  그 대신 상점 포인트를 주실 수 있나요?

> **VOCAB**
>
> better price 더 저렴한(좋은) 가격 price match guarantee 최저가 보장 take off ~ ~을 떼다 brand new 완전 새것(신상)인

Hi, I bought this here but I found
a better price somewhere else.
Do you have a price match guarantee?

안녕하세요, 제가 이걸 여기서 구매했는데,
다른 곳에서 더 저렴한 가격대를 발견해서요.
여기 최저가 보장이 되나요?

Sorry we don't do price match and
we can't give you a refund because
you already took the label off.

죄송하지만 저흰 최저가 보장이 안 되고요,
이미 라벨을 떼셔서 환불 또한 불가합니다.

I know, but I haven't worn it
or washed it. It's still brand new.

아는데요, 저 이거 한 번도 입거나 세탁한 적이
없어요. 이거 아직도 새 거라고요.

Sorry, but you can
exchange it if you want.

죄송합니다, 하지만 원하시면
물건은 교환 가능하세요.

Then can you offer me
store credit instead? I already
looked around but there is
nothing I want to buy today.

그럼 그 대신 상점 포인트를 주실 수 있나요?
이미 둘러는 봤는데 오늘 사고 싶은 건 없어서요.

(마켓) 반품/환불해 달라고 요구하기

미국 매장에서 반품/환불을 할 땐 한국과 동일하게 영수증이 있어야 하고, 의류 상품의 경우 세탁을 해서는 안 됩니다. 그리고 매장마다 규정의 차이는 있지만 일반적으로 상품 구매 후 30일 이내에 물건을 구매한 상점이나 동일 브랜드 매장에서 반품/환불이 가능한데, 물건을 환불하러 매장에 갔을 땐 다짜고짜 '환불해 주세요'부터 말하지 말고 'I'd like to return this.(이거 반품하고 싶은데요.)'라는 말부터 하는 게 순서입니다. 또한 물건을 사기 전에 그 물건이 'Final Sale(최종 세일: 한 번 판매된 후엔 반품/환불이 안 되는 판매)' 상품인지 여부도 잘 따져 봐야 하니 참고해 두세요.

- I'd like to return this. Here is the receipt.
  저 이거 반품하고 싶은데요. 영수증은 여기 있어요.

- I didn't notice <u>문제점</u> when I bought it.
  살 때는 _____을 몰랐어요.

- It's not my fault it needs to be returned.
  반품돼야 하는 게(사유가) 제 잘못은 아니잖아요.

- Nothing on the receipt says final sale.
  영수증에 최종 세일(환불 불가한 세일)이란 말은 없어요.

> **VOCAB**
>
> seam 솔기 armpit 겨드랑이 unravel (실·매듭 등을) 풀다 non-refundable 환불이 안 되는 clearance section 재고 정리 할인 섹션

Hi, I'd like to return this.
Here is the receipt.

안녕하세요, 저 이거 반품하고 싶은데요.
영수증은 여기 있어요.

Is something wrong with it?

무슨 문제라도 있으신가요?

The seam under the armpit
is unraveled but I didn't notice it
when I bought it.

겨드랑이 밑 솔기 부분이 터졌는데
살 때는 이걸(터진 걸) 몰랐어요.

Sorry but this is non-refundable.
It was in the clearance section.

죄송하지만 이건 환불이 안 되겠네요.
이건 재고 정리 할인 상품이었거든요.

Oh, it's not my fault
it needs to be returned.
This wouldn't've(would not have)
happened if you put good items
on the rack. Besides, nothing
on this receipt says final sale.

하, 반품돼야 하는 사유가 제 잘못은 아니잖아요.
제대로 된 물건을 판매대에 진열하셨으면
이런 일이 안 생겼을 거 아니에요.
게다가, 영수증에 최종 세일이란 말도 없고요.

 **Scene 047**

(온라인) 배송 지연에 대해 항의하기

온라인 쇼핑을 할 땐 '당일 배송, 2일 배송, 일반 배송' 등 배송 방법을 택할 수 있으며, 속도가 빠를수록 비용이 추가됩니다. 하지만 빠른 배송을 택해도 사람들이 쇼핑을 많이 하는 성수기(ex: 연말)엔 배송이 지연되거나 환불 처리 과정 또한 늦어질 수 있기 때문에 온라인 쇼핑 시엔 이러한 점까지 감안해 배송 규정을 잘 파악하고 물건을 주문해야 합니다. 혹 빠른 배송을 택했는데 배송이 지연되는 문제가 발생했다면 쇼핑몰에 전화를 걸어 'I'm calling to complain about a late delivery. (배송이 늦어지는 것과 관련해 항의를 넣고 싶어 전화했습니다.)'라고 말씀하시면 됩니다.

- I'm calling to complain about a late delivery.
  배송이 늦어진 것과 관련해 항의를 넣고 싶어 전화했습니다.

- That's why I wanted to put a rush on it.
  그래서 배송을 서둘렀으면 했던 겁니다.

- You make customers pay extra for 명사 .
  _____ 에 있어선 고객들에게 추가 비용을 내게 하시잖아요.

- I want to request a refund for 명사 .
  저 _____ 을 사유로 환불을 요청했으면 합니다.

VOCAB

late(delayed) delivery 배송 지연 put a rush on ~ ~에 있어 서두르다 peak season 성수기 package 소포, 포장된 물건(상품)

I'm calling to complain about a late delivery.

배송이 늦어진 것과 관련해 항의를 넣고 싶어 전화했습니다.

I apologize. Can I have your order number?

죄송합니다. 고객님의 주문 번호를 알려 주시겠어요?

It's 12-345. I ordered it for my girlfriend's Christmas gift. That's why I wanted to put a rush on it.

12-345예요. 여자친구 생일 선물로 이걸 주문한 거였어요. 그래서 배송을 서둘렀으면 했고요.

Sorry, but it's peak season. Some packages get delayed.

죄송하지만, 지금이 성수기라서요. 일부 상품들이 지연되고 있습니다.

You make customers pay extra for faster delivery. I want to request a refund for a late delivery.

더 빠른 배송에 있어선 고객들에게 추가 비용을 내게 하시잖아요. 저 배송 지연을 사유로 환불을 요청했으면 합니다.

(온라인) 배송에 착오가 있다고 말하기

주문한 물건이 오지 않아서 배송 상태를 추적해 봤는데 아직 도착도 안 한 물건이 이미 도착했다고 되어 있으면 많이 당황스러울 것입니다. 이럴 땐 업체에 전화를 걸어 문의하고 해결책을 찾는 것이 가장 빠르고 확실합니다. 물론 영어로 전화 통화를 해야 한다는 것이 많이 긴장될 수도 있지만, 'When I tracked ~, it said ~.(제가 ~을 추적했을 때 ~라고 나와 있더라고요.), I haven't received anything.(전 아무것도 받은 게 없어요.)'와 같이 온라인 쇼핑 반품/환불에 대해 이야기할 수 있는 패턴은 정해진 편이기 때문에 이것만 잘 알아 두면 큰 무리 없이 잘 소통할 수 있습니다.

- **When I tracked the latest delivery status,**
  제가 가장 최근의 배송 상태를 추적했을 때,

- **It said it was delivered, but** 주어+동사 .
  그게(물건이) 배송됐다고 나왔는데, (그와 다르게) _____ 이에요.

- **I haven't received anything.**
  전 아무것도 받은 게 없어요.

- **When is the soonest I can get it?**
  가장 빠르게 받아 볼 수 있는 날짜는 언제인가요?

> **VOCAB**
>
> track 추적하다 the latest delivery status 가장 최근의 배송 상태
> be tired of V-ing ~하는 것에 지치다(싫증나다)

Hi, when I tracked
the latest delivery status,
it said it was delivered,
but I haven't received anything.

여보세요, 제가 가장 최근의 배송 상태를
추적했을 땐 물건이 배송됐다고 나와 있던데,
전 아무것도 받은 게 없어요.

Let me check for you.

제가 확인해 드리겠습니다.

I'd like to make sure that
the package I ordered was
delivered to the correct address.

제가 주문한 물건이 제대로 된 주소로
배송됐는지 확실히 해 뒀으면 합니다.

Am I speaking with Mrs. JS Kim,
and your address is
100 N. Stanford?

전화 주신 분이 JS Kim님 맞으시고,
고객님 주소가 100 N. Stanford이시죠?

Correct! When is the soonest
I can get it? It's almost been
10 days. I'm tired of waiting.

맞아요! 가장 빠르게 받아 볼 수 있는 날짜는
언제인가요? 이제 거의 열흘째예요.
저 기다리느라 지쳤습니다.

 **Scene 049**

(온라인) 반송 라벨이 안 왔다고 말하기

미국에서 온라인 구매 제품을 반품/환불할 땐 업체에 이메일이나 전화로 물건 반송에 필요한 'return label(반송 라벨)'을 보내 달라고 요청해야 합니다(아마존과 같은 대형 인터넷 쇼핑몰은 웹사이트에서 반송 라벨 요청 가능). 그리고 반송 라벨을 받을 때 직원이 RMA라고 하는 걸들을 수 있는데, RMA는 'Return Merchandise Authorization(반품 상품 승인 라벨)'을 뜻하는 단어로서 미국에선 누구나 다 아는 온라인 쇼핑 용어입니다. 만약 반송 라벨이 시간이 지나도 오지 않으면 직원에게 문의하여 주문 번호 및 이메일 주소를 재확인한 후 제대로 처리해 달라고 요청하면 됩니다.

- I requested a return label <u>기간</u> ago.
  제가 _____ 전에 반송 라벨을 요청했는데요.

- I never received it(a return label).
  제가 그걸(반송 라벨을) 받지를 못해서요.

- My order number is <u>주문 번호</u> .
  제 주문 번호는 _____이에요.

- Can I drop it off at <u>택배 업체</u> ?
  그건(물건은) 제가 _____에 갖다줘도 되는 건가요?

VOCAB

just in case 만약의 경우에 대비해, 혹시 모르니 drop A off at ~ ~에
A를 갖다주다(맡기다) UPS 미국의 유명 택배 회사의 이름

**Hi, I requested
a return label a week ago,
but never received it.**

안녕하세요, 제가 1주일 전에 반송 라벨을
요청했는데, 받지를 못해서요.

**Can I have your order number
and email address?**

고객님의 주문 번호와 이메일 주소를
알려 주시겠어요?

**My order number is
123-456 and my email is
SUN10@jmail.com.**

제 주문 번호는 123-456이고요,
이메일은 SUN10@jmail.com이에요.

**You should have gotten
an RMA label by email.
Please check your spam
just in case.**

이메일로 반환 상품 승인 라벨을
받으셨어야 하는데요. 혹시 모르니
스팸 메일을 확인해 보세요.

**Can I drop it off at any UPS
or post office location?**

물건은 제가 아무 UPS 지점이나
우체국 지점에 갖다줘도 되는 건가요?

 **Scene 050**

 MP3 050

(온라인) 환불이 안 됐다고 항의하기

인터넷 쇼핑몰에서 부피가 크고 비싼 물건을 구입할 때 아무리 신중을 기해도 종종 하자가 있는 물건이 와서 반품/환불을 신청하는 일이 생기곤 합니다. 그런데 이렇게 부피가 크고 비싼 물건을 반품/환불할 땐 배송 업체에서 가지고 가기 힘들어 픽업 서비스를 신청해야 하거나 쇼핑몰에서 환불을 너무 늦게 처리하는 문제가 있을 수 있는데, 이럴 땐 속만 태우며 기다리지 말고 직접 전화를 해서 환불을 요청한 제품의 주문 정보를 알려 주고 'Can you do anything to make this process go faster?(어떻게든 처리가 좀 더 빨리 진행될 수 있게 해 주시겠어요?)'라고 요청하면 됩니다.

- My order number is <u>주문 번호</u>.
  제 주문 번호는 _____ 인데요.

- I returned <u>물품</u> because <u>주어+동사</u>.
  _____이어서 _____을 반품했었거든요.

- I haven't gotten my refund yet.
  저 아직도 환불을 못 받았어요.

- Can you do anything to <u>동사</u>?
  어떻게든 _____할 수 있게 해 주시겠어요?

> **VOCAB**
>
> big item 사이즈가 큰 물품 (또는 고가의 제품) process 처리하다
> restock (선반 등에 물건을) 다시 채우다, 다시 보충하다

Hi,
my order number is 12-34.
I returned a table because
its legs were broken.

여보세요, 제 주문 번호는 12-34인데요.
테이블 다리가 부러져서
테이블을 반품했었거든요.

When did you return it?

언제 반품하신 거죠?

On January 7th.
A month ago but I haven't
gotten(got) my refund yet.

1월 7일이요.
이게 한 달 전인데
저 아직도 환불을 못 받았어요.

That's because it is a big item
so it takes longer to process
the item and restock it.

그게 사이즈가 큰 제품이라
처리 과정이나 다시 진열하는데
시간이 더 길게 소요돼서 그런 겁니다.

Can you do anything
to make this process go faster?

어떻게든 처리가 좀 더 빨리
진행될 수 있게 해 주시겠어요?

Review & Practice

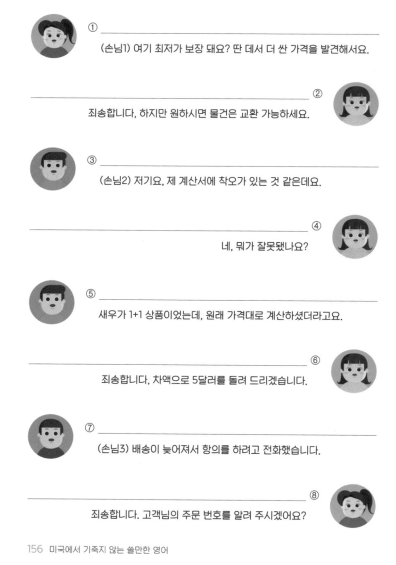

① _____

(손님1) 여기 최저가 보장 돼요? 딴 데서 더 싼 가격을 발견해서요.

_____ ②

죄송합니다, 하지만 원하시면 물건은 교환 가능하세요.

③ _____

(손님2) 저기요, 제 계산서에 착오가 있는 것 같은데요.

_____ ④

네, 뭐가 잘못됐나요?

⑤ _____

새우가 1+1 상품이었는데, 원래 가격대로 계산하셨더라고요.

_____ ⑥

죄송합니다, 차액으로 5달러를 돌려 드리겠습니다.

⑦ _____

(손님3) 배송이 늦어져서 항의를 하려고 전화했습니다.

_____ ⑧

죄송합니다. 고객님의 주문 번호를 알려 주시겠어요?

⑨ _____

1234예요. 벌써 열흘째예요. 저 기다리느라 지쳤습니다.

_____ ⑩

(손님4) 저 1달 전에 테이블을 반품했는데, 아직 환불 못 받았어요.

⑪ _____

그게 사이즈가 커서 처리 과정에 시간이 더 걸려서 그렇습니다.

_____ ⑫

어떻게든 처리가 좀 더 빨리 진행될 수 있게 해 주시겠어요?

정답

① Do you have a price match guarantee? I found a better price somewhere else.

② Sorry, but you can exchange it if you want.

③ Excuse me, I think there is a mistake on my bill.

④ Ok, what's the error?

⑤ The shrimp were Buy One Get One Free but you charged me the original price.

⑥ Sorry, I'll refund 5 dollars for the difference.

⑦ I'm calling to complain about a late delivery.

⑧ I apologize. Can I have your order number?

⑨ It's 1234. It's been almost 10 days. I'm tired of waiting.

⑩ Hi, I returned a table a month ago, but I haven't gotten my refund yet.

⑪ That's because it is a big item so it takes longer to process the item.

⑫ Can you do anything to make this process go faster?

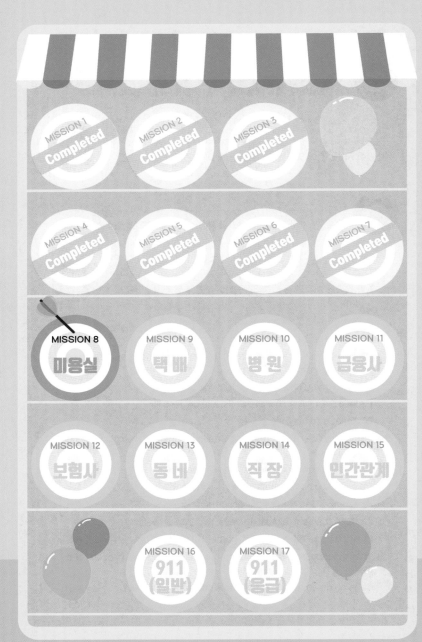

미용실

'알아서 예쁘게
해 주세요'라는
말은 절대 금물!

▶ **미국인들은 절대 '알아서 예쁘게 해 달라'고 하지 않는다.**

미국 미용실에 갔을 땐 '알아서 예쁘게 해 주세요'라는 애매한 말로 머리 손질을 요청해선 안 됩니다. 왜냐하면 미국 미용사들은 손님이 원하는 스타일로 머리를 손질하는 것이 자기가 할 일이지 자기 멋대로 손님의 머리를 손질하는 것은 자신의 역할을 벗어난 것이라 생각하기 때문입니다. 덧붙여 머리가 잘못 됐을 경우 미용사에게 책임을 물을 수도 있기 때문에 알아서 예쁘게 해 달라고 하면 미용사가 당황하며 정말 그렇게 해도 되는 것인지 재차 확인하려 들것입니다.

▶ **미국 미용실에서 머리 손질을 제대로 요청하는 법**

따라서 미국 미용실에서 머리를 손질할 땐 자신이 원하는 스타일(ex: 원하는 머리 길이, 파마 스타일, 염색 시 머리 색깔 등)을 정확히 결정한 후 이에 맞는 영어 표현들을 숙지한 뒤 미용사에게 설명하면 됩니다(원하는 머리 스타일을 사진으로 찍어서 보여 주는 것도 한 방법). 그리고 미국은 다양한 인종이 살고 있고 머릿결도 인종마다 차이가 있기 때문에 미용사마다 머리 손질 능력이 다를 수 있는데, 예를 들어 흑인의 굵은 곱슬머리를 만질 줄 아는 미용사는 상대적으로 손질이 쉬운 백인의 머리는 커버할 수 있지만 백인의 머리만 만져 본 미용사는 흑인의 머리는 커버하지 못할 수 있습니다. 참고로 한국인들의 머리는 직모에 가늘고 부드러운 경우가 많아 손질이 쉽기 때문에 미용사에게 굳이 동양인의 머리를 손질할 수 있는지 묻지 않아도 됩니다.

▶ **엉망인 서비스나 불합리한 가격에 항의하는 법**

그런데 만약 미용사가 내가 원했던 것과 다른 머리 스타일로 잘못 손질했거나 머릿결을 손상시키는 실수, 바가지를 씌우는 불쾌한 상황을 초래했다면 그 자리에서 불만 사항에 대해 단호하게 말해도 됩니다. 참고로 미국인들의 경우 돈을 내지 않겠다고 하거나 고소를 하겠다고 강하게 항의하는 경우도 의외로 정말 많습니다.

머리를 이상하게 잘랐다고 항의하기

미국에서는 원하는 것을 정확히 구체적으로 이야기해야 제대로 일 처리가 됩니다. 따라서 미용실에서도 '알아서 예쁘게 잘라 주세요'라고 말하면 미용사가 당황할 수 있으니 원하는 스타일을 제대로 설명해야 합니다. 그런데 원하는 스타일을 제대로 설명했음에도 미용사가 내 말 뜻을 오해하여 머리를 잘못 자르거나 이상하게 자르는 일이 생길 수 있는데, 이럴 때 '머리는 금방 자라니 그냥 참자'라고 그냥 넘어가지 말고 'I told you (not) to ~.(제가 ~하라고(하지 말라고) 했을 텐데요.)'와 같이 처음에 요구했던 방향이 무엇인지 재차 설명하며 해결 방법은 있는지 물어보며 항의해야 합니다.

- **This is NOT the style I asked for!**
  이건 제가 요구했던 그 스타일이 전혀 아닌데요!

- **I really don't like it.**
  저 이거 너무 마음에 안 들어요.

- **I told you not to use ___기기___ when you cut ___부위___ .**
  제가 분명 _____을 자를 때 _____을 쓰지 말라고 했을 텐데요.

- **Is there any way you can fix this?**
  이거 어떻게든 해결해 줄 수 있는 방법 없나요?

VOCAB --

professional 전문적인 razor 면도기 nape 목의 뒤쪽 misunderstand 오해하다 fix 고치다 (여기서는 '해결하다'라고 해석)

Oh, no!
This is NOT the style
I asked for! I really don't like it.

이런, 안돼!
이건 제가 요구했던 스타일이 전혀
아닌데요! 저 이거 너무 마음에 안 들어요.

Oh, I tried to make you
look younger and
more professional.

아, 전 손님이 좀 더 젊고 전문직답게
보이게 해 드리려고 했어요.

I told you not to use a razor
when you cut the hair
around my nape!

제가 분명 목덜미 주변 머리를
자를 땐 면도기를 쓰지
말라고 했을 텐데요!

I'm sorry, I think
I misunderstood you.

죄송합니다, 제가 손님 말뜻을
잘못 이해한 것 같네요.

Is there any way
you can fix this?

이거 어떻게든 해결해 줄 수
있는 방법 없나요?

파마/염색이 잘못됐다고 항의하기

파마를 했는데 머릿결이 손상되거나 염색을 했는데 원하던 색깔이 아니면 한국과 마찬가지로 미국에서도 바로 항의를 합니다. 단, 한국에서는 직원에게 항의한다 해도 결국 머리 시술에 들어간 비용은 지불하게 되는 경우가 많지만, 미국에서는 강력하게 항의한 후 'I'm not paying and you need to compensate me.(저 돈 안 낼 거고요, 그리고 저한테 보상도 해 주셔야 합니다.)'라고 말하는 것을 많이 볼 수 있습니다. 이건 비단 미용실에서뿐만 아니라 다른 곳에서도 지불한 금액만큼 제대로 된 서비스를 받지 못했다는 생각이 들면 비용 지불을 거부하고 손해에 대한 보상을 요구하는 편입니다.

- **What did you do to my hair?**
  제 머리에 대체 무슨 짓을 한 거죠?

- **You completely ruined my hair.**
  제 머릴 완전히 망쳐 놓으셨네요.

- **It looks super damaged and feels like straw.**
  엄청나게 손상돼 보이고 느낌도 지푸라기 같아요.

- **I'm not paying you and you need to compensate me.**
  저 돈 안 낼 거고요, 그리고 저한테 보상도 해 주셔야 합니다.

> **VOCAB**
>
> wavy perm 웨이브 파마 dye 염색하다 split end (손상되어) 끝이 갈라진 머리카락 damage 손상(을 주다) compensate 보상하다

Oh, my God. What did you do to my hair? I told you I wanted to get a wavy perm and dye it light brown after getting a little trim.

세상에. 제 머리에 대체 무슨 짓을 한 거죠?
제가 분명 머리를 약간 다듬고 나서 웨이브 파마를
하고 밝은 갈색으로 염색해 달라고 했잖아요.

I got rid of all your split ends and dyed it to the color you chose from the sample. This is a natural looking wave.

갈라진 머리칼을 다 쳐낸 다음에 손님께서
샘플에서 고르신 색으로 염색한 거예요.
이건 자연스러워 보이는 웨이브고요.

No, you completely ruined my hair. It looks super damaged and feels like straw.

아니요, 제 머릴 완전히 망쳐 놓으셨네요.
엄청나게 손상돼 보이고 느낌도 지푸라기 같아요.

It'll look better after a week.

일주일 후면 괜찮아 보일 거예요.

I'm not paying you and you need to compensate me!

저 돈 안 낼 거고요, 그리고
저한테 보상도 해 주셔야 합니다!

샴푸/드라이가 형편없다고 항의하기

미국에서는 사람의 손이 직접 닿아서 제공되는 서비스는 가격도 비싸고 팁도 더 많이 받는 편이라 미용실에 갈 때에도 기본 비용 외에 팁 또한 현금으로 충분히 준비해서 가야 합니다. 그런데 이렇게 많은 비용을 지불하고도 샴푸나 드라이를 할 때 물이나 바람의 온도 하나 제대로 맞추지 못해 스트레스를 받게 되면 짜증이 많이 날 수 있는데요. 이럴 땐 무작정 불쾌함을 표하기보다는 물이나 바람이 너무 차갑다고/뜨겁다고 문제점을 지적하면서 좀 더 따뜻한/차가운 물로 감겨 주거나 바람으로 말려 달라고 요구하며 원하는 바를 정확히 전달하고 항의하는 것이 좋습니다.

- The water is too cold/hot.
  물이 너무 차갑네요/뜨겁네요.

- Could you wash it with warmer/colder water?
  좀 더 따뜻한/차가운 물로 감겨 주실래요?

- The air is so hot that I can smell my hair burning.
  바람이 너무 뜨거워서 머리 타는 냄새가 나잖아요.

- Is there someone else who <u>동사</u> ?
  여기 _____하는 다른 분 없나요?

VOCAB

water heater 온수기 for now 당분간은 (여기서는 문맥상 '지금은'이라고 해석) blow dry 드라이를 하다 burn 타다

I'm sorry, the water is too cold.
Could you wash it with warmer water?

죄송한데, 물이 너무 차갑네요.
좀 더 따뜻한 물로 감겨 주실래요?

Sorry, there is something
wrong with our water heater so
we don't have hot water for now.

죄송한데, 저희 온수기에 문제가 좀 있어서요,
지금은 뜨거운 물이 안 나와요.

This is terrible! I catch colds when
I wash my hair with cold water.

이건 너무하잖아요! 전 차가운 물로
머리 감으면 감기에 걸린단 말이에요.

We're already done.
Let me blow dry it with hot air
and you'll feel much better.

일단 다 됐습니다. 뜨거운 바람으로 드라이
해 드릴 건데 그럼 한결 나으실 거예요.

Oh, my God! The air is so hot
that I can smell my hair burning.
Is there someone else who actually
knows what they're doing?

아, 진짜! 바람이 너무 뜨거워서
머리 타는 냄새가 나잖아요. 여기 일 좀
제대로 할 줄 아는 다른 분 없어요?

머리 비용이 불합리하다고 항의하기

앞서 말했듯이 미용 서비스는 비용도 비싸고 팁도 높아 가격이 부담스러운 편이며, 미용실을 예약할 때 가격을 확인하지 않고 예약하거나 가게에 가격표도 없어 가격을 확인하지 못하면 미용사가 부르는 대로 돈을 낼 수밖에 없습니다. 따라서 예약을 할 때 가격을 반드시 확인하고 예약을 진행한 직원의 이름까지 기억해 둬야 바가지를 쓰게 됐을 때 이를 근거로 항의할 수 있습니다. 예를 들어 사전에 합의되지도 않은 시술을 멋대로 진행한 뒤 가격에 이를 추가했다면 예약할 때 말했던 내용들을 근거로 합의했던 가격만 지불하고 원치 않을 경우 팁도 내지 않을 수 있습니다.

- Here's 숫자 dollars and a tip.
  여기 _____ 달러하고 팁 드릴게요.

- He/She assured me there was no extra charge.
  그분이 추가 비용 없다고 확실히 말씀하셨어요.

- I'm only paying 숫자 dollars.
  저 _____ 달러만 낼 겁니다.

- Forget the tip and I'm never coming back!
  팁은 없으니 그리 아시고 저 다시는 안 올 겁니다!

> VOCAB

fabulous 기막히게 좋은(멋진) miscommunication 의사소통 오류, 오해 add 첨가(추가)하다 solution 용액 assure 장담(확언)하다

Oh, thank you for your fabulous work.

와, 머리 너무 예쁘게 해 주셔서 감사해요.

I'm glad to hear it!

만족하셨다니 너무 좋네요!

Here's 150 dollars and a tip.

여기 150달러하고 팁 드릴게요.

I'm afraid there was a little miscommunication. The perm is 150 dollars, the cut is 50 dollars, and I added a special serum into the perm solution to protect your hair; that was an extra 50 dollars.

얘기할 때 다소 오해가 있었던 것 같네요. 파마는 150달러, 컷은 50달러, 그리고 머릿결 보호용 파마액에 특별 세럼을 첨가했는데 이게 50달러였습니다.

Are you kidding me? I spoke to the receptionist about this when I made the appointment. She assured me there was no extra charge. I'm only paying 150 dollars. Forget the tip and I'm never coming back!

지금 장난하세요? 예약할 때 비용에 대해선 접수 담당자와 얘기했고요. 그분이 추가 비용 없다고 확실히 말씀하셨어요. 저 150달러만 낼 거고요. 팁은 없으니 그리 아시고 저 다시는 안 올 겁니다!

Review & Practice

① _____
이건 제가 요구했던 스타일이 전혀 아닌데요!

_____ ②
죄송합니다. 제가 손님 말뜻을 잘못 이해한 것 같네요.

③ _____
게다가 엄청 손상돼 보이고 느낌도 지푸라기 같아요.

_____ ④
일주일 후면 괜찮아 보일 거예요.

⑤ _____
(머리 감는 중) 죄송한데, 물이 너무 차가워요.

_____ ⑥
죄송합니다, 지금은 뜨거운 물이 안 나와서요.

⑦ _____
이건 너무하잖아요! 전 찬물로 머리 감으면 감기 걸려요.

_____ ⑧
일단 다 됐습니다. 뜨거운 바람으로 드라이 해 드릴게요.

⑨ _____

아, 진짜! 바람이 너무 뜨거워서 머리 타는 냄새가 나요.

_____ ⑩

(카운터에서) 여기 150달러하고 팁 드릴게요.

⑪ _____

얘기할 때 다소 오해가 있었던 것 같네요. (추가 비용 설명)

_____ ⑫

장난해요? 당신이 추가 비용 없다고 확실히 말했었잖아요.

정답

① This is not the style I asked for!

② I'm sorry, I think I misunderstood you.

③ And it looks super damaged and feels like straw.

④ It'll look better after a week.

⑤ I'm sorry, the water is too cold.

⑥ Sorry, we don't have hot water for now.

⑦ This is terrible! I catch colds when I wash my hair with cold water.

⑧ We're already done. Let me blow dry it with hot air.

⑨ Oh, my God! The air is so hot that I can smell my hair burning.

⑩ Here's 150 dollars and a tip.

⑪ I'm afraid there was a little miscommunication.

⑫ Are you kidding me? You assured me there was no extra charge.

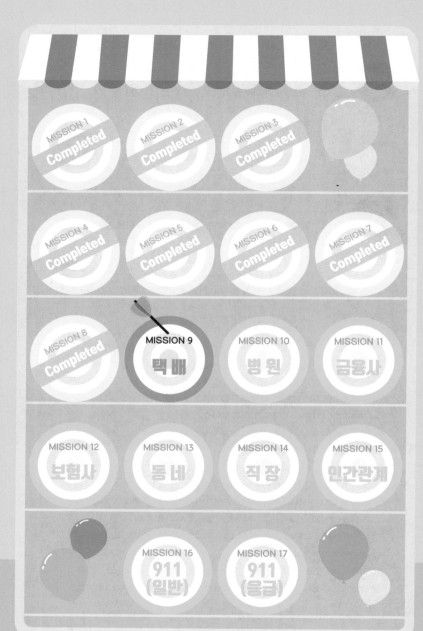

MISSION

9

택배

업무가 점점
과중해지고 있는
미국 집배원들

▶ 경영난을 겪고 있는 USPS(미국 우체국)

현재 많은 미국인들이 USPS 서비스에 불만을 갖고 있습니다. 하지만 그 이면에 있는 '서비스의 질이 떨어지게 된 원인'을 살펴볼 필요가 있는데요. 현재의 운송 시장을 보면 민간 배송 업체인 Fedex와 UPS의 시장 확대 및 전 세계 최고의 온라인 쇼핑몰인 Amazon이 자체 배송 서비스를 시작한 것과 더불어 우편물을 '이메일'로 보내는 것이 생활화되면서 우체국 업무가 타격을 받게 되었습니다. 따라서 한때는 정부 기관 중 하나인 우체국에서 국가 공무원인 집배원으로 일하는 것을 희망하는 이들도 많았는데, 현재는 그 인기가 시들한 추세입니다.

▶ 업무가 과중해지고 있는 미국 집배원들 & 서비스 문제

앞서 말했듯이 미국 우체국은 경영에 어려움을 겪으면서 직원 수를 줄이게 되었고, 이로 인해 집배원들은 인원 수 대비 업무량이 많아져 일이 더 힘들어지게 되었습니다. 하지만 아무리 그렇다 해도 집에 사람이 있는데 벨조차 눌러보지 않고 수취인 부재 통지서만 남기고 간다거나 물건이 크고 무거워 택배를 가져올 수 없으니 직접 와서 가져가라는 식의 서비스를 받게 되면 불만이 쌓일 수밖에 없습니다. 물론 대부분의 집배원들은 프로 의식을 갖고 성실하게 일을 하지만, 일부 그렇지 못한 집배원들로 인해 이 같은 문제가 발생하는 것도 사실입니다.

▶ 택배가 제대로 안 올 시 문제를 해결하는 방법

앞서 말한 것과 같은 택배 서비스 문제가 생겼을 땐 집배원을 마주쳤을 때 이 같은 문제를 직접 말하거나 우체국의 고객서비스센터 및 관리자에게 이메일이나 전화로 문제를 알리면 됩니다. 사실 문제를 알린다 해도 그때만 해결될 뿐 다시 악순환의 고리로 연결되는 것이 대부분이지만, 그래도 계속 불만이 접수되면 점진적으로는 시스템이 변화될 수 있을 것입니다. 그리고 집배원들의 고충을 이해하고 친하게 지내는 것도 좋은 서비스를 받을 수 있는 한 방법입니다.

통지서만 두고 간 집배원에게 항의하기

택배가 점점 생활화되면서 우체국 집배원의 업무도 택배가 주를 이루게 되었습니다. 그러면서 업무 강도가 점점 높아져 서비스의 질이 떨어지고 있는 게 사실인데, 특히 부피가 크고 무거운 물건의 경우 일부 얌체 집배원들이 상습적으로 수취인이 있는지 확인도 안 하고 '수취인 부재 통지서(우체국에 와서 직접 물건을 수령하겠다고 체크하거나 다른 배송 날짜를 체크할 수 있는 통지서)'만 덜렁 놓고 가는 경우가 있습니다. 이럴 땐 해당 집배원을 직접 만나 항의하거나, 혹 계속해서 이런 일이 지속될 것이 걱정된다면 우체국을 직접 찾아가 관리자에게 항의하는 것도 한 방법입니다.

- I was home all day waiting for the package.
  저 소포 기다리면서 하루 종일 집에 있었어요.

- You were supposed to ring the doorbell.
  초인종을 눌러 보셨어야죠.

- We have a security camera.
  저희 집에 감시 카메라가 있거든요.

- I want to show the footage to your manager.
  그쪽 책임자에게 영상을 보여 주고 싶네요.

> **VOCAB**
>
> notice 통지서 package 소포 (여기서는 '택배 물품'을 지칭) office 사무실 (여기서는 '우체국'을 지칭) footage 영상, 장면

**Hi, I have the notice you left.
I was home all day yesterday
waiting for the package.**

안녕하세요, 두고 가신 (수취인 부재) 통지서를
받기는 했는데요. 저 어제 택배 기다리면서
하루 종일 집에 있었어요.

You can pick it up at our office.

물건은 저희 우체국에서 찾아 가시면 돼요.

**You were supposed to
ring the doorbell to see
if someone could receive it.**

집에 물건을 받을 수 있는 사람이 있는지
초인종을 눌러 보셨어야죠.

**I rang the bell
but no one answered.**

벨을 눌렀는데 대답이 없더라고요.

**No, you didn't!
We have a security camera.
I want to show the footage to your
manager so he can see that you lied.
Can I have his contact info?**

아뇨, 안 누르셨어요! 저희 집에 감시 카메라가
있거든요. 그쪽 책임자한테 영상을 보여 줘서
당신이 거짓말했다는 걸 알게 하고 싶네요.
그분 연락처 정보 좀 알 수 있을까요?

배송을 거부하는 집배원에게 항의하기

미국에서는 배송을 용이하게 할 수 있도록 배송용 차량과 시스템을 구축한 뒤 집배원들을 알맞게 배치하여 일하게끔 하고 있습니다. 그런데 이렇게 용이하게 일할 수 있게 해 놨는데도 물건이 크고 무겁다는 이유만으로 수취인 부재 통지서만 남긴 채 배송을 미루고, 심지어 통지서에 원하는 배송 날짜와 장소를 기재한 뒤 우체통에 넣어 재배송을 요청했음에도(2번까지 요청 가능) 배송을 거부하는 경우가 있습니다. 이럴 땐 집배원에게 통지서에 요청한 대로 물건을 가져오라고 항의해야 합니다. 당연히 배송용 차량에 싣고 오는 것이 내가 우체국에 가서 직접 들고 오는 것보다 훨씬 덜 힘들겠죠?

- **I put the notice back in my mail box.**
  제가 우편함에 통지서를 다시 넣어 놨어요.

- **Why don't you drop it off to me ___때/시기___?**
  _____에 제게 들러 물건을 전해 주고 가시면 안 돼요?

- **I'm sorry but that's your job.**
  죄송하지만 그게 그쪽 일이잖아요.

- **What were you expecting to do?**
  (배송이 당신 일인데) 대체 뭘 하려고 하신 거죠?

VOCAB

mail box 우편함 drop ~ off ~을 내려 주다 (여기선 '들러서 전해 주고 가다'로 해석) bulky 부피가 큰 carry 옮기다, 나르다

Excuse me, I put the notice back in my mail box for you to bring my package on another day.

저기요, 제가 다른 날 제 물건을 가져다 달라고 표시한 통지서를 우편함에 다시 넣어 놨어요.

You can pick it up from our office anytime.

물건은 저희 우체국에서 언제든 찾아가실 수 있어요.

Why don't you drop it off to me tomorrow? Just ring the doorbell and I'll get it from you right away.

내일 제게 들러 물건을 전해 주고 가시면 안 돼요? 초인종 누르시면 나가서 바로 받을 거예요.

Well, it is so bulky and heavy that I can't carry it to you.

저기, 그게 부피가 너무 크고 무거워서 댁까지 운반은 못해 드릴 것 같아요.

I'm sorry but that's your job. What were you expecting to do? Besides, I'm even smaller than you so I can't carry it!

죄송하지만 그게 그쪽 일이잖아요. 대체 뭘 하려고 하신 거죠? 게다가, 저는 그쪽보다 체구도 더 작아서 그걸 옮길 수가 없다고요!

배송 추적 기록이 이상하다고 말하기

물건의 배송 경로를 파악하기 위해선 '배송 추적 번호'를 숙지하고 있어야 합니다. 그런데 추적 번호로 경로를 조회했는데 기록상으로는 배송이 완료됐는데도 실제로는 물건이 도착하지 않은 경우가 생기곤 하는데요. 이럴 땐 우체국에 직접 찾아가서 말하는 것이 가장 좋습니다. 이메일이나 채팅을 통한 고객 서비스가 아무리 발달했다 해도 미국에서는 전화나 방문으로 직접 대화하는 것이 더 효율적입니다. 특히 우체국 같은 관공서는 사기업보다 서비스가 느린 편이기 때문에 직접 찾아가서 문제점을 말한 뒤 직원이 수작업으로 관련 사안을 찾아내어 처리하는 것이 더 빠릅니다.

- **I tracked it online and it says the package arrived.**
  온라인으로 추적해 보니 택배가 도착했다고 되어 있어요.

- **It hasn't been delivered to me.**
  저한텐 물건이 배송되지 않았어요.

- **That doesn't make sense at all.**
  그건 전혀 말이 안 되는데요.

- **The mailman left nothing but a notice.**
  집배원이 통지서만 달랑 두고 갔다고요.

VOCAB

ID(Identification Card) 신분증　track 추적하다　be sent back to ~
~로 반송되다　make sense 의미가 통하다, 말이 되다

Hi, I'm here to pick up
a package.

안녕하세요, 저 택배 찾으러 왔는데요.

Your ID, please?

신분증 좀 주시겠어요?

Here you go!
I tracked it online and
it says the package arrived
but it hasn't been delivered to me.

여기 있습니다! 온라인으로 추적해 보니
택배가 도착했다고 되어 있던데
저한텐 물건이 배송되지 않았어요.

This says it was sent back to us
because there was no one
to take it at your house.

기록상으로는 고객님 댁에 물건 받을
사람이 없어서 물건이 저희 측에
반송된 걸로 나오네요.

That doesn't make sense at all.
I've stayed home the whole
week but the mailman left
nothing but a notice.

그건 전혀 말이 안 되는데요.
저 일주일 내내 집에 있었는데
집배원이 통지서만 달랑 두고 갔다고요.

우편물이 오배송되고 있다고 말하기

주소의 숫자나 거리명이 너무 비슷한 경우(ex: 1110 S. Scott Ave.와 1100 S. Scott Ave) 다른 사람의 우편물이 내게 오거나 반대로 내 우편물이 다른 사람에게 잘못 가는 일이 생길 수 있습니다. 이처럼 다른 사람의 우편물이 내게 잘못 왔을 땐 다시 돌려 놓는 우편물로 표기하여 내 우체통에 넣어 놓으면 집배원이 다시 배달할 것이고, 반대로 내 우편물이 다른 이에게 잘못 간 것이 확인됐을 땐 집배원과는 앞으로도 지속적으로 마주치게 될 사람이란 것을 감안하여 짜증내듯이 감정적으로 항의하지 말고 좀 더 주의해 주시면 감사하겠다고 정중하게 부탁하는 것이 좋습니다.

- Hi, I live at <u>나의 집 주소</u>.
  안녕하세요, 전 _____ 에 사는데요.

- You keep delivering my mail to <u>다른 사람/장소</u>.
  계속해서 제 우편물을 _____ 에 보내고 계세요.

- I know how hard your job is.
  하시는 일이 얼마나 힘든지는 압니다.

- I'd appreciate if you would be more careful.
  좀 더 주의해 주시면 감사할 것 같아요.

> **VOCAB** ·······
>
> misdeliver 잘못 배달(배송)하다 swing by 잠깐 들르다 rarely 드물게, 좀처럼 ~하지 않는 careful 주의 깊은

Hi, I live at 1110 S. Scott Ave.
I'm afraid you keep delivering
my mail to my neighbor living
at 1100 S. Scott Ave.

안녕하세요, 전 Scott 애비뉴 1110S.에 사는데요,
죄송하지만 계속해서 제 우편물을 Scott 애비뉴
1100S.에 사는 이웃에게 보내고 계셔서요.

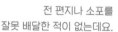

I never misdeliver
letters or packages.

전 편지나 소포를
잘못 배달한 적이 없는데요.

It DID actually happen, more than
once. The neighbor just swung by
to drop off my mail a few minutes ago.

이런 일이 실제 한 번 이상 있었어요. 몇 분 전에도
이웃이 제게 들러 우편물을 주고 간 걸요.

Ok, maybe I made a mistake
today but it rarely happens.

그렇군요, 오늘은 제가 실수한 것 같은데
이런 일이 자주 있진 않습니다.

I know how hard your job is
but I'd appreciate if you would
be more careful.

하시는 일이 얼마나 힘든지는 압니다만
좀 더 주의해 주시면 감사할 것 같아요.

Review & Practice

① _____
죄송한데 제 우편물을 계속 제 이웃집에 보내고 계세요.

_____ ②
전 편지나 소포를 잘못 배달한 적이 없는데요.

③ _____
몇 분 전에도 이웃이 제게 들러 우편물을 주고 간 걸요.

_____ ④
그렇군요, 오늘은 제가 실수한 것 같네요.

⑤ _____
그리고 두고 가신 통지서도 있는데, 저 어제 종일 집이었어요.

_____ ⑥
물건은 저희 우체국에서 찾아 가시면 돼요.

⑦ _____
집에 물건 받을 사람이 있는지 초인종을 눌러 보셨어야죠.

_____ ⑧
벨을 눌렀는데 아무도 대답이 없더라고요.

⑨ _____

내일 제게 들러 물건을 전해 주고 가시면 안 돼요?

_____ ⑩

저기, 그게 너무 무거워 댁까지 운반은 못해 드릴 것 같아요.

⑪ _____

죄송하지만 그게 그쪽 일이에요. 그건 전혀 말이 안 되죠.

_____ ⑫

(택배가 계속 안 와 우체국 방문) 저 택배 찾으러 왔는데요.

― 정답 ―

① I'm afraid you keep delivering my mail to my neighbor.

② I never misdeliver letters or packages.

③ The neighbor just swung by to drop off my mail a few minutes ago.

④ Ok, maybe I made a mistake today.

⑤ And I have the notice you left, but I was home all day yesterday.

⑥ You can pick it up at our office.

⑦ You were supposed to ring the doorbell to see if someone could receive it.

⑧ I rang the bell but no one answered.

⑨ Then why don't you drop it off to me tomorrow?

⑩ Well, it is so heavy that I can't carry it to you.

⑪ I'm sorry but that's your job. That doesn't make sense at all.

⑫ I'm here to pick up a package.

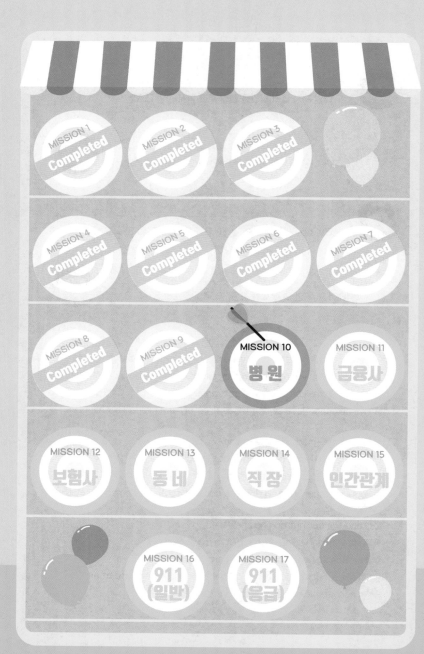

MISSION
10

병 원

복잡한 미국 보험 & 비싸고 느린 미국 의료 시스템

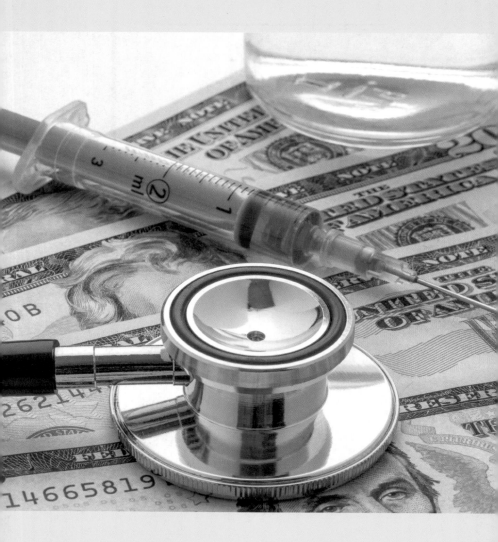

▶ 종류도 많고 복잡한 미국의 보험 상품들

미국엔 여러 가지 보험 상품이 있는데, 그중에서도 대표적인 보험 상품으로는 HBO(Health Maintenance Organization: 내 의료 기록을 관리하는 주치의를 선정할 수 있는 보험으로서 다른 병과 진료를 받기 위해선 주치의의 소견서가 필요함), PPO(Preferred Provider Organization: 주치의를 선정하지 않고 보험 회사에서 선정한 의사/병원을 통해 환자가 진료를 볼 수 있음)가 있습니다. 따라서 이 둘 중 하나를 선택한 후 내가 필요로 하는 부분을 보험의 보장 정도와 비교하며 상품을 고르게 되며, 이외에도 저소득층이나 65세 이상 고령자들에게 주정부나 연방 정부에서 제공하는 보험 상품도 있습니다. 이처럼 미국은 보험의 종류도 너무 많고 가격도 각기 다른데다 선택해야 할 사항도 너무 많아서 환자 입장에선 너무 복잡하고 헷갈릴 수밖에 없습니다.

▶ 비싼 의료비 & 헷갈리기 그지없는 청구서

미국은 의료비도 비쌀 뿐만 아니라 각 병과별 진료 및 의사에 따라 진료비도 다 따로 청구됩니다. 예를 들어 암 수술을 받게 되면 진료 상담을 한 의사, 피 검사를 한 연구실, MRI를 찍은 의료 기관, 마취를 담당한 의사 등 각 과정(병과)별로 진료비가 청구되고, 청구서 목록도 내용에 대한 설명보다는 알아 보기 복잡한 '전산 처리 코드'가 찍혀 있어 청구서를 봐도 내가 가진 보험으로 어디까지 보장 받을 수 있고 최종적으로 치료비로 얼마나 지불해야 하는 건지 일일이 확인해야 하기 때문에 진료비를 계산하면서도 스트레스를 받게 됩니다.

▶ 간단한 진료도 예약 필수 & 길고 긴 대기 시간

덧붙여, 미국에선 아무리 간단한 진료라도 반드시 예약을 해서 가야 합니다. 하지만 예약을 하고 가도 대기실에서 예약 시간을 훌쩍 넘어 기다리다가 진료를 보는 일도 허다하기 때문에 한국의 선진 의료 시스템에 익숙한 한국인들은 이에 불만이 클 수밖에 없습니다.

진료 대기 시간이 너무 길다고 따지기

미국의 병원은 예약부터 치료, 보험, 행정 처리 등 일 처리가 느린 편입니다. 예를 들어 미리 예약을 하고 갔음에도 예약 시간을 훌쩍 넘겨 의사를 보게 된다거나, 환자가 많은 병원에서는 미리 예약했는데도 도착시간을 명단에 적고 또 기다려야 하는 일들도 있습니다. 따라서 이처럼 느린 일 처리와 늘어지는 진료 대기 시간 때문에 불만이 클 수밖에 없는데, 만약 진료 대기 시간이 너무 과도하게 늘어진다 싶으면 사전에 약속됐던 예약 내용을 언급하며 접수 담당자에게 항의하고, 필요할 경우 의사와 상담 및 진료를 받을 때 이 같은 불편 사항을 의사에게 언급해도 괜찮습니다.

- **Can you check if you called my name?**
  혹시 제 이름 부르진 않으셨는지 확인해 보실래요?

- **It is taking forever.**
  시간이 정말 너무 많이 걸리네요.

- **It's already been over** 숫자 **hour(s).**
  벌써 _____ 시간이 넘었다고요.

- **I will complain about this to the doctor!**
  의사 선생님께 이 점에 대해서 항의하겠습니다!

VOCAB -

turn 차례 take forever 시간이 엄청 많이 걸리다 make an appointment 예약하다 the least busy day 가장 한가한(안 바쁜) 날

Excuse me, can you check if you called my name?

실례지만, 혹시 제 이름을 부르진 않으셨는지 확인해 보실래요?

No, we didn't. I'll call you when your turn comes.

아뇨, 안 불렀습니다. 환자 분 차례가 되면 제가 불러 드릴 거예요.

I know but it is taking forever. It's already been over 2 hours.

아는데 시간이 정말 너무 많이 걸리네요. 벌써 두 시간이 넘었다고요.

I'm not sure but it's the busiest day of the week.

확실치는 않은데 오늘이 주중 가장 바쁜 날이에요.

I asked you to make my appointment on the least busy day and confirmed twice. And now you're saying it's the busiest day? I will complain about this to the doctor!

제가 가장 한가한 날 예약을 잡아 달라 부탁드렸고 두 번이나 확인했잖아요. 그런데 이젠 오늘이 가장 바쁜 날이라고요? 의사 선생님께 이 점에 대해서 항의하겠습니다!

예약이 누락된 것에 대해 항의하기

미국에선 한 가지 질병이 있더라도 여러 의사에게 치료 받는 경우가 많습니다. 이를테면 진찰은 A병원에서 받고, A병원에서 B병원으로 진료 관련 서류를 넘기면 수술은 B병원에서 받을 수 있는데요. 이렇다 보니 각 병원 담당자들이 중간 과정에서 서류 발송/접수를 깜빡해 예약이 누락되는 실수가 발생할 수 있습니다. 이럴 땐 실수한 병원 측에 보상 요구가 가능한지 묻고, 이를 제대로 처리해 주지 않으면 병원 고객 서비스 센터에 전화를 걸어 관련 담당자를 신고할 수 있습니다. 덧붙여 사전에 이런 일을 방지하도록 방문할 병원에 미리 전화를 걸어 예약을 확인하는 것이 좋습니다.

- **A is supposed to have 수술 with 의사 at 시간 .**
  A가 _____시에 _____ 선생님께 _____ 수술을 받기로 돼 있어요.

- **We made this appointment 시간 ago at 병원 .**
  저흰 _____ 전에 _____에서 이걸 예약했는데요.

- **They said they would send you 서류 .**
  그쪽에서 _____을 이쪽에 보낸다고 했어요.

- **Can I file a complaint(ask for compensation)?**
  제가 항의할 수(보상을 요구할 수) 있을까요?

> **VOCAB** --
>
> glaucoma 녹내장 surgery 수술 pertaining to ~ ~와 관련된 file a complaint 항의(를 제기)하다, 고소하다 compensation 보상(금)

Hi, my husband's last name is Kim and he is supposed to have glaucoma surgery with Dr. Davidson at 10 am.

안녕하세요. 저희 남편 성은 Kim이고 오전 10시에 Davidson 선생님께 녹내장 수술을 받기로 돼 있어요.

I'm sorry we don't have your husband's name on the surgery patient list.

죄송하지만 수술 환자 명단에 남편 분 성함이 없습니다.

We made this appointment 2 months ago at YZ medical center. They said they would send you the documents pertaining to his surgery.

저흰 2달 전에 YZ 의료 센터에서 이걸 예약했는데요. 그쪽에서 수술 관련 서류를 이쪽에 보낸다고 했어요.

I'm sorry but we never got his surgery paperwork.

죄송하지만 저희는 남편 분 수술과 관련해 받은 서류가 전혀 없습니다.

What should I do? Can I call them to file a complaint and ask for compensation?

제가 어찌 해야 하죠? 그쪽에 전화해서 항의하고 보상을 요구할 수 있을까요?

응급 처치를 빨리 해 달라고 말하기

응급실에 가면 바로 치료 받을 수 있을 거라 생각하기 쉽지만 응급실에서도 환자의 상태에 따라 처치 순서가 다르고, 특히 눈에 띄는 응급 상황이 아니라면 접수, 보험 확인, 증상 체크, 서류 작성 등에 시간이 꽤 많이 걸립니다. 덧붙여 먼저 온 응급 환자들도 치료해 줘야 하기 때문에 더 많이 기다리게 될 수 있는데, 이런 상황을 다 알고 있다 하더라도 응급 환자를 데리고 간 보호자는 자꾸만 순서를 확인하고 싶게 마련입니다. 이럴 땐 치료를 빨리 해 달라고 항의하기보다는 환자가 얼마나 아픈지부터 강조하면서 가급적 치료를 빨리 받게 도와 달라고 정중히 부탁해야 합니다.

- <u>사람</u> is suffering from terrible pain.

  _____가 통증이 너무 심해 힘들어하고 있어요.

- I submitted the paperwork <u>시간</u> ago to <u>동사</u>.

  _____하려고 _____ 전에 서류를 제출했는데요.

- What is making this process take so long?

  뭐 때문에 처리에 시간이 이렇게 오래 걸리나요?

- Can you help us to get medical help quickly?

  치료를 좀 빨리 받을 수 있게 도와주실 수 있나요?

VOCAB

submit 제출하다 paperwork (관련) 서류 have A admitted A를 입원시키다 ER 응급실 get medical help 치료를 받다

Excuse me, my mom is suffering from terrible pain. I submitted the paperwork an hour ago to have her admitted. What is making this process take so long?

저기요, 저희 어머니가 통증이 너무 심해 힘들어하고 계세요. 어머니를 입원시키려고 한 시간 전에 서류를 제출했는데요. 뭐 때문에 처리에 시간이 이렇게 오래 걸리나요?

We're taking care of the patients who came in first.

먼저 온 환자들부터 돌봐 드리고 있어서요.

What kind of ER takes in patients 'first come first served'?

무슨 응급실이 환자를 '선착순'으로 받습니까?

Look at all the people sitting here. All of them are urgent cases but they aren't acting like you.

지금 여기 앉아 계신 모든 분들을 좀 보세요. 이분들 다 응급 상황이지만 당신처럼 행동하고 있지 않아요.

Can you please just help us to get medical help quickly?

치료를 좀 빨리 받을 수 있게 도와주시면 안 될까요?

 **Scene 062**

진료가 너무 성의 없다고 항의하기

오랫동안 진료 예약일만 기다리다 의사를 만났는데 막상 진료를 너무 짧게 받게 되면 허무하기도 허무하지만 진료가 너무 성의 없게 느껴질 수 있습니다. 물론 건강상 큰 문제가 없어 진료가 짧았을 수도 있지만, 환자 입장에서는 누구나 할 수 있는 조언을 들으려고 길게는 몇 달까지 기다린 게 억울할 수 있습니다. 이럴 땐 의사에게 '오늘 이게 다인 거냐, 예약도 간신히 잡은 거다. 난 전문의의 조언이 필요하다'와 같이 좀 더 성의 있는 진료를 해 달라고 항의할 수 있습니다. 앞서도 배웠듯이 영어로는 할 말을 제대로 해야 내가 누릴 권리를 제대로 누릴 수 있습니다. 꼭 기억해 두세요.

- Is that all for today?

  오늘 이게 다인가요?

- Did I have to wait so long for __명사__ ?

  제가 _____을 받으려고 이렇게 오래 기다려야 했던 건가요?

- I barely made it to this appointment.

  저 이번 예약 간신히 잡은 거예요.

- I need medical advice from a professional.

  전 전문의의 의학 조언이 필요하다고요.

VOCAB ....

examination 진료, 검진 barely 간신히 ~하다 warning sign 경고의 징후 illness 질병 instant 즉각적인 diagnosis 진단

**Excuse me, doctor.
Is that all for today?**

저기요, 선생님. 오늘 이게 다인가요?

Any questions?

뭐 질문 있으신가요?

**Did I have to wait so long
for a 5 minute examination?
I barely made it to this appointment
and have waited for 2 months.**

제가 5분 진료를 받으려고 이렇게 오래
기다려야 했던 건가요? 저 이번 예약 간신히
잡은 데다가 두 달이나 기다렸는데요.

**I did a complete exam. I don't see
any warning signs of serious
illness. Isn't that a good thing?**

진료는 빠짐없이 했습니다. 심각한 질병 징후는
보이지 않네요. 그럼 좋은 거 아닌가요?

**No! I am here to see you because
I'm sick and I need medical advice
from a professional, not a 5 minute
instant diagnosis that anyone
could have done!**

아뇨! 제가 선생님을 뵈러 여기 온 건 몸이 아파
전문의의 의학 조언이 필요해서지, 누구나 할 수 있는
5분짜리 짧은 진단을 받기 위해서가 아니라고요!

검사/치료가 과한 것 같다고 말하기

병의 원인을 규명하고 이를 고치기 위해선 당연히 검사와 치료를 충분히 받아야 하지만, 이것이 장기간에 걸쳐 너무 많이 반복되면 환자 입장에서는 오히려 건강에 무리가 될 수 있습니다. 따라서 이럴 경우 '치료가 너무 과하다. 이 같은 검사와 치료의 목적이 무엇이냐, 향후 얼마나 더 많은 검사가 남았느냐'와 같은 사항들을 영어로 묻고 소통하며 검사와 치료의 정도를 조율하는 것이 좋고, 만약 영어가 한국어만큼 편하지 않은 상태라면 미국에선 인권 보호 차원의 병원 및 보험 관련 통역 서비스가 잘 되어 있으니 이곳에 도움을 요청하여 소통하는 것도 좋은 방법입니다.

- **I've already gone through multiple tests.**
  저 이미 검사를 많이 받았어요.

- **Are there more tests left?**
  검사가 더 남았나요?

- **I'd like to know more specifically about 명사 .**
  저 _____ 에 대해 좀 더 구체적으로 알고 싶은데요.

- **These tests seem to be worsening my health.**
  검사들이 제 건강을 악화시키는 것 같아요.

> **VOCAB**
>
> go through (힘든 일 등을) 겪다 torturous 고통스러운, 괴로운 undergo (안 좋은 일 등을) 겪다 figure out 파악하다 medication 약(물)

I've already gone through multiple
tests and torturous treatments,
are there more tests left?

저 이미 검사도 많이 받고 힘든 치료도 많이
받았는데, 검사가 더 남았나요?

Unfortunately,
for more accurate results you will
have to undergo more tests.

안타깝지만, 더 정확한 결과를 얻으려면
검사를 더 받으셔야 합니다.

I'd like to know more specifically
about the purpose of these tests
and what kind of treatment will follow.

저 어떤 목적으로 이 검사들을 하는 거고 추후
어떤 치료가 있을지 좀 더 구체적으로 알고 싶은데요.

We need to run tests to figure out
the cause of your illness.

환자 분의 병의 원인을 파악하려면
저희가 검사를 진행해야 합니다.

Honestly,
these tests and medications
seem to be worsening my health
because I am constantly fatigued.

솔직히, 검사들과 약들이 제 건강을
악화시키는 같아요, 저 계속 피곤하거든요.

진료비가 이해가 안 간다고 문의하기

미국에선 의료비가 비싸고 청구서 또한 꽤나 복잡합니다. 예를 들어 앰뷸런스를 타고, 진료를 받고, 피검사를 하고, CT 촬영을 하고, 입원하고, 약 처방을 받는 일련의 과정을 거치면 각 과정에 따른 청구를 다따로 받게 됩니다. 게다가 청구서엔 복잡한 전산 코드와 함께 요금이 부과되어 있어 이해하기도 매우 어렵고 계산 실수가 발생할 수도 있습니다. 이럴 땐 병원이나 각 과(ex: 피검사실, 엑스레이 병과 의사 등)에 연락하여 청구 목록/코드 및 잘못된 부분에 대해 설명해 달라고 하면 잘 설명해 주며, 재정적 도움이 필요할 경우 병원에서 진료비 할인을 해 주기도 합니다.

- **There are some mischarges.**
  잘못 청구하신 부분이 좀 있습니다.

- **There are some codes I don't understand.**
  이해가 안 되는 코드들이 좀 있습니다.

- **I'd like to know what each code refers to.**
  각 코드가 뭘 가리키는 건지 알았으면 합니다.

- **Please explain the exact amount of 명사 .**
  _____의 정확한 금액을 알려 주세요.

(VOCAB)

bill 청구서, 고지서 mischarge 잘못된 요금 부과 refer to ~ ~을 일컫다, ~을 가리키다 amount 금액 individual 각각의, 개별의

Hi, I received a bill from you but there are some mischarges and codes I don't understand.

여보세요. 청구서를 받았는데 잘못 청구하신 것도 있고 이해가 안 되는 코드들도 있어서요.

Ok, can you tell me which one?

그렇군요, 어떤 건지 말씀해 주시겠어요?

Well, actually, I've only had one CT scan but you seem to have doubled the price. And since there are so many different codes, I'd like to know what each code refers to.

실은, CT는 한 번만 찍었는데 가격을 두 배로 책정하신 것 같아요. 그리고 여러 종류의 코드가 너무 많아서, 각 코드가 뭘 가리키는 건지 알았으면 합니다.

Ok, can you fax or email it to us so we can give you that information?

관련 정보를 보내 드릴 수 있도록 저희한테 팩스나 이메일로 그걸 좀 보내 주시겠어요?

I'll send it over to you right away. Please explain the exact amount of the services provided and the individual charges.

바로 보낼게요. 제가 받았던 진료 서비스들의 정확한 금액이랑 각 항목들의 청구액들을 알려 주세요.

Review & Practice

① _____
(대기실) 시간이 너무 많이 걸리네요. 벌써 두 시간째예요.

_____ ②
죄송합니다, 환자 분 차례가 되면 제가 불러 드릴게요.

③ _____
(진료실1) 제가 5분 진료 때문에 이리 오래 기다려야 했던 건가요?

_____ ④
심각한 질병 징후는 안 보입니다. 그럼 좋은 거 아닌가요?

⑤ _____
제가 여기 온 건 전문의 의학 조언이 필요해서라고요.

_____ ⑥
(진료실2) 저 이미 검사를 많이 했는데, 검사가 더 남았나요?

⑦ _____
더 정확한 결과를 얻으려면 검사를 더 받으셔야 합니다.

_____ ⑧
솔직히, 검사들과 약들이 제 건강을 악화시키는 것 같아요.

⑨ _____

(응급실) 저희 어머니가 통증이 심각해 힘들어하고 계세요.

_____ ⑩

죄송합니다, 먼저 온 환자들부터 돌봐 드리고 있어서요.

⑪ _____

치료를 좀 빨리 받을 수 있게 도와주시면 안 될까요?

_____ ⑫

(계산) 제가 받았던 진료 서비스들의 정확한 금액을 알려 주세요.

--- 정답 ---

① It is taking forever. It's already been over 2 hours.

② Sorry, I'll call you when your turn comes.

③ Did I have to wait so long for a 5 minute examination?

④ I don't see any warning signs of serious illness. Isn't that a good thing?

⑤ I'm here because I need medical advice from a professional.

⑥ I've already gone through multiple tests, but are there more tests left?

⑦ For more accurate results you will have to undergo more tests.

⑧ Honestly, these tests and medications seem to be worsening my health.

⑨ My mom is suffering from terrible pain.

⑩ Sorry, we're talking care of the patients who came in first.

⑪ Can you please just help us to get medical help quickly?

⑫ Please explain the exact amount of the services provided.

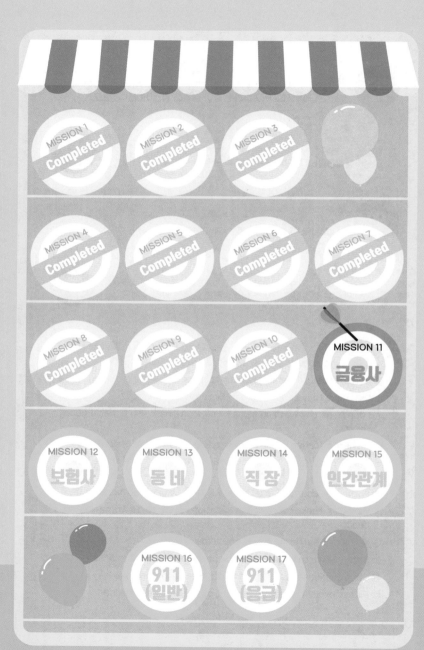

금융사

미국에서 금융
업무를 처리할 때
알아야 할 것들

▶ **영어로 숫자를 정확히 말하는 연습을 해 두자.**

은행에서 금융 업무를 볼 때 가장 중요한 것은 거래 금액에 오류가 발생하지 않도록 '정확한 액수'를 말하며 거래하는 것입니다. 따라서 평소 영어로 돈의 액수를 말하는 연습을 자주 해 두는 것이 중요한데, 효과적인 연습 방법으로는 '눈 앞에 숫자가 보일 때마다 영어로 소리 내어 읽어 보는 것'이 있습니다. 예를 들어 운전하면서 앞 차의 번호판 숫자를 한 단위나 두 단위로 나누어 읽어 보거나 이를 '돈의 액수'로 바꾸어 읽어 볼 수도 있고, 지갑에서 돈들을 꺼내 금액을 읽어 보거나 영수증에 적혀 있는 금액을 소수점 밑으로 찍혀 있는 것까지 소리 내어 읽어 볼 수도 있습니다. 혹은 종이 위에 무작위로 적은 금액부터 큰 금액까지 써 놓은 다음 적은 금액부터 돈의 단위(ex: 센트, 달러)를 붙여서 말하는 연습을 하는 것도 좋은 방법입니다.

▶ **동전의 '영어 애칭'을 숙지해 두자.**

미국에서는 동전의 액수를 숫자 외에도 다양한 애칭(ex: 1센트-penny, 5센트-nickel, 10센트-dime)으로도 많이 지칭하기 때문에 누군가 이 같은 애칭으로 동전의 액수를 말했을 때 못 알아들어 곤란한 일이 생기지 않도록 동전의 애칭들 또한 함께 익혀 두는 것이 좋습니다.

▶ **은행 업무에 필요한 기본 용어들을 숙지해 두자.**

한국에서도 '송금, 이체, 인출' 등 금융 업무 시 알아 둬야 할 기본적인 용어들이 있듯이, 미국에서도 은행 업무를 볼 때 이에 해당하는 영어 용어들을 잘 알아 둬야 은행 직원과 제대로 소통할 수 있습니다. 미국 은행에서 금융 업무를 볼 때 자주 쓰는 용어들로는 'deposit slip(예금액을 기록하는 종이), withdraw(인출하다), overdraft(통장 잔액보다 더 많은 금액을 인출했을 시 은행에서 부과하는 금액), waive(어떠한 부과 금액을 면제해 주는 것), balance receipt(잔액 확인 영수증), wire/transfer(송금/이체)' 등이 있습니다.

은행 직원의 무례한 태도 지적하기

미국 은행을 이용하다 보면 간혹 'teller(창구 직원)'들이 동양인 고객의 영어를 못 알아듣는 듯 반복해서 질문하고 무시하는 무례한 태도를 보이는 경우가 있는데, 이럴 땐 직원의 태도를 따끔히 지적하고 관리자를 불러 항의할 수 있습니다. 참고로 소규모 은행이 아닌 주은행 창구 직원들은 방탄 유리로 된 작은 마이크가 달린 창구 안에서 많이 일하고 적은 금액의 입출금 업무는 다루지 않는 편입니다. 그리고 거래 시엔 내 계좌 정보를 기재한 종이를 내며 거래 금액을 정확히 발음해야 하고(ex: 15는 'fifteen', 50은 'fifty') 거래 후엔 계좌 잔액을 확인할 수 있는 영수증을 요청해야 합니다.

- I'd like to withdraw <u>액수</u> with <u>장수</u> <u>화폐 단위</u> bills.
  _____을 _____짜리 지폐 _____장으로 출금했으면 합니다.

- You've asked me the same question <u>횟수</u>.
  저한테 같은 질문을 _____번이나 하셨어요.

- You are so rude! I want to talk to your manager.
  정말 무례하네요! 그쪽 책임자와 얘기하고 싶습니다.

- I want to know how he/she trained A to <u>동사</u>.
  그분이 어떻게 _____하도록 A를 가르친 건지 좀 알고 싶네요.

> **VOCAB**
>
> withdraw 출금하다 bill 지폐 balance sheet 대차대조표, 잔액확인표
> accurate 정확한 rude 무례한 train 교육(훈련)시키다

I'd like to withdraw 500 dollars with 3 hundred dollar bills and 10 twenty dollar bills and balance sheet, please.

500달러를 100달러짜리 지폐 3장과 20달러짜리 지폐 10장으로 출금하고 잔액확인표를 받았으면 합니다.

Are you saying 3 hundreds and 10 twenties and the balance sheet?

100달러 3장, 20달러 10장, 잔액확인표라고요?

Yes, you've asked me the same question five times.

네, 저한테 같은 질문을 다섯 번이나 하셨어요.

It's because I have to be accurate and your English is hard to follow. If your English were better, I wouldn't need to keep asking.

제가 정확해야만 하는 데다 고객님 영어가 이해하기 힘들어서요. 고객님이 영어를 좀 더 잘하셨으면 제가 계속 질문 안 해도 됐을 겁니다.

You are so rude! I want to talk to your manager. I want to know how she trained someone to give such terrible customer service!

정말 무례하네요! 그쪽 책임자와 얘기하고 싶습니다. 어떻게 이렇게 형편없는 고객 서비스를 제공하게 사람을 가르친 건지 좀 알고 싶네요.

ATM이 카드를 먹었다고 말하기

'ATM(현금 인출기)'를 이용하다 보면 기계가 카드를 먹거나 백지 거래 내역서가 나오는 오류가 발생할 수 있습니다. 이럴 땐 줄을 서서 기다렸다 만나야 하는 창구 직원보다 은행을 지키는 'security guard(보안 요원)'에게 말하는 것이 더 빠를 수 있으며, 영어로도 한국어처럼 'The ATM ate my card.(현금 인출기가 제 카드를 먹었어요.)'와 같이 설명하면 됩니다. 그리고 카드와 돈을 돌려 달라고 요청할 땐 혹시 모를 상황(큰 금액은 증명 절차가 필요할 수 있음)에 대비해 거래 내역서나 영수증도 같이 달라고 하는 것이 좋습니다(참고로 ATM엔 이메일로 거래 내역서를 보낼 수 있는 옵션이 있음).

- The ATM ate my card and I can't get it back.
  현금 인출기가 제 카드를 먹어서 다시 찾을 수가 없어요.

- The machine gave me this blank receipt.
  기계가 (내용이 없는) 이런 백지 영수증을 줬어요.

- Can you give my money and card back?
  제 돈이랑 카드를 돌려주시겠어요?

- Can you give a receipt just in case?
  혹시 모르니 영수증을 주시겠어요?

VOCAB

slip 용지 (여기서는 '내역서'라는 의미) blank 비어 있는 (여기서는 '백지의'라고 해석) deposit 입금하다 bummer 실망(스러운 일)

**Excuse me, the ATM ate
my card and I can't get it back.**

저기요, 현금 인출기가 제 카드를
먹어서 다시 찾을 수가 없어요.

Do you have a slip?

용지(내역서)는 있으신가요?

**Yes, but it's blank.
While I was trying to deposit
500 dollars, the machine
took the money and the card
but gave me this blank receipt.**

네, 그런데 이거 빈 종이예요.
제가 500달러를 입금하려고 하는 사이
기계가 돈이랑 카드를 먹었는데
(내용이 없는) 이런 백지 영수증을 줬어요.

**Let me call
the manager for you.**

제가 관리자를 부르겠습니다.

**It's a real bummer!
Can you give my money
and card back,
and a receipt just in case?**

이거 정말 짜증나네요!
제 돈이랑 카드를 돌려주시면서,
혹시 모르니 영수증도 주시겠어요?

 **Scene 067**

입출금 내역이 이상하다고 따져 묻기

미국에선 종이로 된 통장을 쓰지 않아 통장 정리를 안 합니다. 그 대신 은행 웹사이트에 고객 등록을 해서 인터넷으로 고지서 자동 이체 및 은행 간 거래, 그리고 입출금 내역을 확인하는데요. 따라서 인터넷 기록을 꼼꼼히 살피지 않으면 나도 모르게 부과된 금액, 환불 미처리된 금액, 수상해 보이는 금액 등이 내역에 있는 걸 놓칠 수 있으니 주의해야 합니다. 만약 이런 의심스러운 입출금 내역을 발견했다면 즉시 은행에 전화를 걸어 '내 입출금 내역서(my bank statement)'에 대해 따져 보고 싶다고 말한 뒤 의심스러운 청구액의 '액수, 청구 날짜/장소' 등을 일러주며 문제를 해결해야 합니다.

- I'd like to dispute a charge on my 내역서 .
  제 _____의 청구액에 대해 좀 따져 보고 싶습니다.

- There is a charge in the amount of 액수 .
  _____에 달하는 금액이 청구된 내역이 있어요.

- There is a suspicious charge of 액수 in 장소 .
  _____에서 _____이 청구된 수상쩍은 내역이 있어요.

- I've never traveled there. I live in 거주지 .
  전 거기 가 본 적도 없어요. 전 _____에 살아요.

VOCAB

dispute 반박하다 (여기서는 '따지다'로 해석) bank statement 입출금 내역서 reflect 반영하다 suspicious 수상쩍은 account 계좌

I'd like to dispute a charge on my bank statement.

제 입출금 내역서 청구액에 대해
좀 따져 보고 싶습니다.

How can I help?

제가 어떻게 도와 드릴까요?

**There is a charge
in the amount of 200 dollars
by XGYM on 5/30/2020.**

2020년 5월 30일에 XGYM에서 200달러에
달하는 금액이 청구된 내역이 있더라고요.

**It says they charged you
200 dollars but 100 dollars was
refunded, but the refund won't
be reflected until 2 weeks later.**

내역서엔 그곳에서 200달러를 청구했고 100달러가
환불되었다고 돼 있는데요. 환불 금액은
2주가 지날 때까진 반영되지 않습니다.

**Got it, and there is also a suspicious
charge of 50 dollars on my account
from January 1, in New York, but
I never travel there. I live in LA.**

알겠습니다, 그리고 1월 1일 뉴욕에서 제 계좌로
50달러가 청구된 수상쩍은 내역도 하나 있는데요.
전 거기 가 본 적도 없어요. 전 LA에 삽니다.

신용 카드를 잃어버렸다고 신고하기

신용 카드를 잃어버렸을 땐 인터넷이나 휴대폰 앱으로 간편하게 도난/분실 신고를 해도 되지만 문제를 보다 신속하게 처리하고 싶다면 직접 카드사에 전화를 걸어 직원에게 문의하는 것이 가장 좋습니다. 카드사에 전화를 하면 우선 직원이 'verify your identity(신원을 확인하겠다)'고 말하는데, 여기에 이름/생년월일/전화번호 등을 말하면 즉시 문제 해결 과정에 들어갑니다. 특히 도난 당한 카드를 제3자가 쓴 걸로 의심될 경우 배상 청구를 하면 사용 금액을 빠르게 처리해 주는 편이며, 또한 평소와 달리 너무 큰 금액을 쓴 것이 포착되면 문자/전화로 카드 주인에게 연락이 옵니다.

- I'm calling because my credit card was stolen.
  신용 카드를 도난 당해 전화 드립니다.

- My last name/birthday/number is <u>명사</u>.
  제 성/생년월일/번호는 _____ 입니다.

- I'm afraid that someone has <u>p.p.</u>.
  누가 _____ 했을까 걱정되네요.

- Can I make a claim if I find <u>명사</u>?
  만약 _____을 발견하면 배상 청구를 할 수 있나요?

> **VOCAB**
>
> verify 확인하다 identity 신원 get access to ~ ~에 접근하다 (여기서는 문맥상 '~에 접근해 쓰다'로 해석) unauthorized 승인되지 않은

I'm calling because my credit card was stolen.

신용 카드를 도난 당해 전화 드립니다.

Let me ask you some questions to verify your identity. Can you give me your last name, date of birth, and phone number, please?

신원(본인) 확인을 위해 몇 가지 질문하겠습니다. 성과 생년월일, 전화번호를 알려 주시겠어요?

Sure. My last name is Kim, my birthday is June 1, 1980, and my number is 123-456. I am afraid that someone has gotten access to my card.

네. 성은 Kim, 생년월일은 1980년 6월 1일, 번호는 123-456입니다. 누가 제 카드를 썼을까 걱정되네요.

When was the last time you used it?

마지막으로 카드를 쓰신 건 언제죠?

I don't remember exactly, because I hardly ever use it. Can I make a claim if I find any unauthorized charges?

제가 카드를 거의 안 써서 정확히 기억이 안 나요. 만약 승인되지 않은 청구액이 발견되면 배상 청구를 할 수 있나요?

Review & Practice

① _____

(은행 창구에서) 제게 같은 질문을 다섯 번이나 하시네요.

_____ ②

고객님 영어가 이해하기가 힘들어서 그럽니다.

③ _____

정말 무례하시네요! 그쪽 책임자와 얘기하고 싶습니다.

_____ ④

(전화 상담) 제 입출금 내역서 청구액에 대해 좀 따지고 싶습니다.

⑤ _____

제가 어떻게 도와 드릴까요?

_____ ⑥

5월 30일 XY에서 50달러에 달하는 금액이 청구된 내역이 있어요.

⑦ _____

(ATM에서) ATM이 제 카드를 먹어서 다시 찾을 수가 없어요.

_____ ⑧

용지는 있으신가요? 제가 관리자를 부르겠습니다.

⑨ _____

돈이랑 카드 돌려주시면서 혹시 모르니 영수증도 주시겠어요?

_____ ⑩

(카드사 상담) 저 신용 카드를 도난 당해 전화 드립니다.

⑪ _____

신원 확인을 위해 몇 가지 질문하겠습니다. (이후 신원 확인)

_____ ⑫

승인되지 않은 청구액을 발견하면 배상 청구를 할 수 있나요?

정답

① You've asked me the same question five times.

② It's because your English is hard to follow.

③ You are so rude! I want to talk to your manager.

④ I'd like to dispute a charge on my bank statement.

⑤ How can I help?

⑥ There is a charge in the amount of 50 dollars by XY on 5/30.

⑦ The ATM ate my card and I can't get it back.

⑧ Do you have a slip? Let me call the manager for you.

⑨ Can you give my money and card back and a receipt just in case?

⑩ I'm calling because my credit card was stolen.

⑪ Let me ask you some questions to verify your identity.

⑫ Can I make a claim if I find any unauthorized charges?

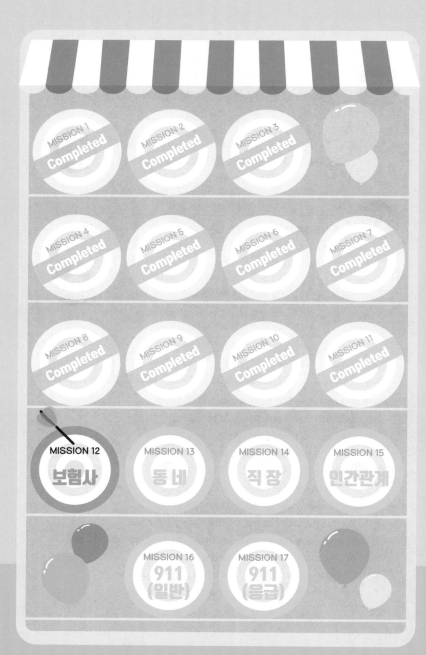

MISSION 12

보험사

교통사고 시엔
'증거'를 제대로
남겨 놔야 한다!

▶ 교통사고가 났을 시 보험사 신고 및 처리 절차

미국과 같은 외국에서 교통사고를 당하게 되면 당황하고 겁을 먹어 우왕좌왕할 수 있습니다. 따라서 이 같은 일에 대비해 보험을 들어 두고 사고 발생 시 처리 절차를 미리 숙지해 두는 것이 중요한데요. 미국에서 교통사고가 났을 땐 우선 사고가 난 도로 현장에 차를 세운 후 911에 전화하고, 필요한 조치들 (ex: 사고 현장 및 차량 손상 부위를 사진으로 찍기, 상대 운전자와 보험 정보 및 기본적인 개인 정보 주고받기 등)을 취하면서 교통 흐름에 방해가 되지 않도록 도로 옆쪽에 차를 댄 후 보험사에 전화하여 사고가 났다고 신고하면 됩니다.

▶ 교통사고가 났을 땐 '증거'를 제대로 남기는 것이 중요!

앞서 말했듯이 교통사고가 났을 땐 사고 현장과 차량의 손상된 부분을 사진으로 찍어 증거를 남겨야 하고, 만약 목격자가 있다면 목격자의 연락처도 받아 두고 필요하다면 상대 운전자와의 대화를 영상으로 찍거나 녹음한 뒤 이를 보험 회사에 증거로 제출하는 것이 좋습니다. 왜냐하면 상대 운전자의 과실로 사고가 발생한 경우, 상대측이 사고 현장에서 자기 과실을 인정한 뒤 사과까지 했는데 막상 보험사끼리 법정에서 싸우게 됐을 땐 자신에게 유리한 방향으로 말을 바꾸는 일이 생길 수 있으므로 상대 운전자와의 대화를 영상이나 녹음으로 남겨 두면 사고 처리를 하는 데 있어 정말 큰 도움이 됩니다.

▶ 'Dash cam(블랙박스)'를 차량에 장착하는 것도 Good idea!

한국에서는 소위 '블랙박스(이는 틀린 명칭, 제대로 된 명칭은 dash cam)'라고 하는 차량용 카메라를 많이 장착하지만 미국에서는 아직 한국만큼 dash cam이 많이 보급되어 있지 않습니다. 따라서 아직 영어가 완전히 편하지 않아 사고가 났을 시 제대로 증거를 수집하고 처리하지 못할 가능성이 걱정된다면 자동적으로 큰 증거를 남겨 줄 수 있는 dash cam을 장착할 것을 적극 추천합니다.

 **Scene 069**

보험사에 교통사고 처리를 요청하기

미국과 같이 낯선 땅에서 차량 간 교통사고가 나면 많이 당황스럽고 겁이 날 수 있는데요. 미국에선 차 사고가 나면 서로 싸우기보단 보험사가 해결하게 두는 것이 일반적이므로 (1) 일단 현장에서 상대 운전자와 사고 정황을 파악한 뒤 근처에 차를 댄 후 (2) 경찰에 신고하고(추후 증거물로 경찰 기록이 필요할 수도 있으므로), (3) 개인 정보(운전면허증, 전화번호, 보험 정보 등)를 교환한 다음 (4) 현장 및 양쪽 차량 사진을 찍고 (5) 보험사에 전화해 처리해 달라고 하면 됩니다. 단, 현장에선 자기 잘못이라 인정하고 나중에 말을 바꾸는 사람들도 있으니 상대방과의 대화를 녹음해 두는 것도 좋습니다.

- **I'm calling to report a car accident.**
  차 사고가 나서 신고하려고 전화 드립니다.

- **The other driver rear-ended me.**
  상대 운전자가 뒤에서 절 박았어요.

- **I just want to make sure it's his/her fault.**
  이게 그쪽 과실이란 걸 확실히 해 두고 싶습니다.

- **Everything is recorded on my dash cam.**
  제 블랙박스에 다 녹화되어 있습니다.

VOCAB

policy number 보험 증서 번호 rear-end 뒷부분을 들이받다 record 녹음(녹화)하다 dash cam 차량용 블랙박스 admit 인정(시인)하다

Hi, I'm calling to report a car accident.

여보세요, 차 사고가 나서
신고하려고 전화 드립니다.

Can I have your policy number?

보험 증서 번호를 알려 주시겠어요?

It's 987-6543. The other driver rear-ended me. She apologized to me at the scene but I just want to make sure it's her fault.

987-6543입니다. 상대 운전자가 뒤에서 절 박았어요.
그 사람이 현장에서 제게 사과는 했는데 이게
그쪽 과실이란 걸 확실히 해 두고 싶습니다.

Did you take any pictures of the damaged parts of the vehicles?

(양쪽) 차량들의 손상된 부분은
사진으로 찍어 놓으셨나요?

Yes, I did. Everything is recorded on my dash cam and I also recorded the conversation where she admitted it's her fault.

네, 찍었어요. 제 블랙박스에 다 녹화되었고
그쪽이 이게 자기 잘못이라고 인정한
대화도 제가 녹음해 놨습니다.

보험사에 긴급 출동 서비스 요청하기

예기치 못한 차 사고를 겪을 수 있듯이, 주유소를 못 찾아 기름이 똑 떨어져 차가 길 한복판에 멈춰 서는 일 또한 겪을 수 있습니다. 이럴 때 보험사에 전화를 걸어 'My car completely stopped on the road. (차가 길바닥에 완전히 멈춰 섰다.)'고 상황 설명을 하면, 보험사 직원이 '회원 번호(membership/member number)'를 물어본 뒤 신원 조회를 하고 위치를 파악하여 긴급 출동 서비스를 제공합니다. 참고로 긴급 출동 서비스는 이미 회원 비용에 포함된 서비스라 별도의 팁을 주지 않아도 괜찮지만, 직원의 좋은 서비스에 감동 받아 개인적으로 팁을 주고 싶다면 팁을 줘도 무방합니다.

- My car completely stopped on the road.
  제 차가 길바닥에 완전히 멈춰 서 버렸어요.

- My number is <u>회원 번호</u> . / I'm at <u>현 위치</u> .
  제 번호는 _____ 입니다. / 저는 _____ 에 있습니다.

- I need towing and emergency gas services.
  저는 견인과 비상 주유 서비스가 필요합니다.

- How long will you take to get here?
  여기까지 오시는데 얼마나 걸릴까요?

> **VOCAB**
>
> run out of gas 기름이 떨어지다(바닥나다) the intersection of ~
> ~의 교차로 Ave. 거리, 가(路) towing 견인 emergency 비상

Hi, I'm calling because my car ran out of gas and completely stopped on the road.

여보세요, 제 차가 기름이 바닥나는 바람에 길바닥에 완전히 멈춰 서 버려 전화했어요.

Can you give me your member number?

회원 번호를 알려 주시겠습니까?

My number is 876-543.

제 번호는 876-543입니다.

Get it. Ms. Lee, can you let me know your exact location?

확인됐습니다. Lee 선생님, 정확한 위치를 알려 주시겠습니까?

I'm at the intersection of Grand Ave. and 3rd. I need towing and emergency gas services. How long will you take to get here?

저는 Grand가와 3가 교차로에 있어요. 견인과 비상 주유 서비스가 필요합니다. 여기까지 오시는데 얼마나 걸릴까요?

보험사의 늦장 대응에 대해 항의하기

한국에 비해 미국은 다양한 기관에서의 행정 처리가 상대적으로 많이 느린 편입니다. 하지만 차 사고와 관련해 보험 처리가 늦어질 경우 상대측 보험 회사나 운전자에게 더 유리한 변명을 만들어낼 시간을 줄 수도 있기 때문에 보험사의 일 처리가 너무 늦어질 땐 바로 전화를 해서 '일 처리 방식에 항의하고 싶다. 신고한 지 ~일째이다'라고 문제점을 지적한 뒤 'Your late response may give the other driver time to V.(당신들의 늦장 대응이 상대 운전자에게 ~할 시간을 줄 수도 있다.)' 와 같이 보험사의 늦장 대응으로 입을 수 있는 손해를 구체적으로 나열하며 따지는 것이 좋습니다.

- I want to complain about the way you 동사 .
  당신들이 _____ 하는 방식에 대해 항의하고 싶습니다.

- It's been 숫자 DAYS since I reported it.
  그거(사건) 신고한 지 _____ 일째입니다.

- You are supposed to be my advocate!
  당신들은 제 지지자가 돼야 할 거 아닙니까!

- Your late response may give 사람 to 동사 .
  당신들의 늦장 대응이 _____ 에게 _____ 할 시간을 줄 수 있어요.

I want to complain about the way
you've been dealing with my claim.

당신들이 제 사건을 처리하고 있는
방식에 대해 항의하고 싶습니다.

I apologize for
your dissatisfaction.

불만을 드려 죄송합니다.

It's been 21 DAYS since
I reported it. What kind of
insurance company deals with
the claim so slowly?

사건 신고한 지 21일째입니다. 대체 어느 보험사가
일 처리를 이렇게 느리게 합니까?

I apologize again, sir. That's
because it's the holiday season.

다시 한 번 사과 드립니다. 연휴 기간이라서요.

You are supposed to be
my advocate! Your late response
may give the other driver time
to fabricate a story or
find a false witness.

당신들은 제 지지자가 돼야 할 거 아닙니까!
당신들의 늦장 대응이 상대 운전자에게
경위를 조작하거나 가짜 증인을 찾을
시간을 줄 수도 있다고요.

 **Scene 072**

보험이 안 좋아 해지하겠다고 말하기

사건에 대해 '처리'라고 말하기도 힘들 정도로 불만족스러운 서비스를 제공하는 보험사는 차라리 해지를 하는 것이 낫습니다. 따라서 이 같은 상황에 대비해 보험을 해지할 때 '위약금(cancellation fee)'은 없는지 처음부터 잘 확인해야 하는데요. 단, 제대로 된 서비스를 단 한 번도 못 받아 봤는데 계약 기간을 이유로 위약금까지 내야 한다면 이는 너무 억울할 것입니다. 따라서 이럴 경우 서비스도 형편없었는데 위약금까지 내는 건 부당하다고 항의하며 '충분한 증거/근거'를 토대로 'the Better Business Bureau(한국으로 치면 '소비자보호원')'에 신고하겠다고 경고할 수 있습니다.

- **I'd like to cancel my insurance.**
  저 보험을 해지했으면 합니다.

- **You've never helped me resolve 문제점 .**
  당신들은 _____을 (제대로) 해결하게 도와준 적이 없습니다.

- **I'm going to report your 문제점 to 신고 기관 .**
  당신들의 _____을 _____에 신고하겠습니다.

- **I'm going to 동사 to stop you from 동사-ing .**
  당신들이 더 이상 _____하지 못하도록 _____할 겁니다.

VOCAB

insurance 보험 (policy라는 용어도 많이 사용) resolve 해결하다
insurance period 보험 기간 rip off 뜯어내다, 속이다

Hi, I'd like to cancel my insurance.

여보세요, 저 보험을 해지했으면 합니다.

Is there any particular reason you don't want to keep your policy anymore with us?

저희와 더 이상 보험을 유지하고 싶지 않은 특별한 이유라도 있으신가요?

You've never helped me resolve any issues related to the accidents I've had so far.

지금껏 제가 겪은 사고들과 관련해 어떤 문제도 (제대로) 해결하게 도와준 적이 없으니까요.

I apologize for your dissatisfaction. There is a cancellation fee if you want to cancel your policy before the end of your insurance period.

불만을 드려 죄송합니다. 보험 기간 만료 전 보험 해지를 원하실 경우 위약금이 있습니다.

I'm going to report your terrible service to the Better Business Bureau to stop you from ripping off innocent people.

당신들이 아무것도 모르는 사람들을 더 이상 속이지 못하도록 소비자보호원에 댁들의 형편없는 서비스를 신고하겠습니다.

Review & Practice

①
_____

(고객1) 여보세요, 차 사고가 나서 신고하려고 전화 드립니다.

_____ ②

보험 증서 번호를 알려 주시겠어요? (이후 번호 확인)

③
_____

(고객1) 상대방이 뒤에서 절 박았고, 블랙박스에도 다 녹화됐어요.

_____ ④

(며칠 후, 고객1) 사건 신고한 지 21일째입니다.

⑤
_____

불만을 드려 죄송합니다. 연휴 기간이라서요.

_____ ⑥

(고객1) 늦장 대응은 상대측에 경위 조작 시간을 줄 수 있다고요.

⑦
_____

(고객2) 여보세요, 차가 길에 완전히 멈춰 서서 전화했습니다.

_____ ⑧

회원 번호와 정확한 위치를 알려 주시겠습니까?

⑨ _____

(고객2) 제 번호는 4321이고, Grand가와 3가 교차로에 있어요.

_____ ⑩

(고객3) 여보세요, 저 보험을 해지했으면 합니다.

⑪ _____

보험 기간 만료 전 보험 해지를 원하실 경우 위약금이 있습니다.

_____ ⑫

소비자보호원에 댁들의 형편없는 서비스를 신고하겠습니다.

정답

① Hi, I'm calling to report a car accident.

② Can I have your policy number?

③ The other driver rear-ended me and everything is recorded on my dash cam.

④ It's been 21 days since I reported it.

⑤ I apologize for your dissatisfaction. That's because it's the holiday season.

⑥ Your late response may give the other driver time to fabricate a story.

⑦ Hi, I'm calling because my car completely stopped on the road.

⑧ Can you give me your member number and let me know your exact location?

⑨ My number is 4321 and I'm at the intersection of Grand Ave. and 3rd.

⑩ Hi, I'd like to cancel my insurance.

⑪ There is a cancellation fee if you want to cancel your policy before the end of your insurance period.

⑫ I'm going to report your terrible service to the Better Business Bureau.

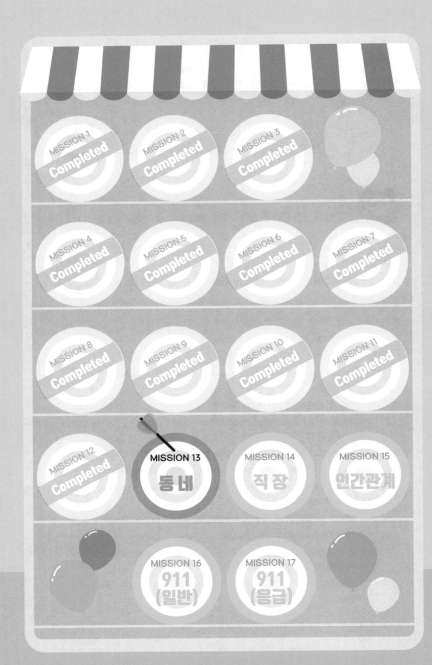

동네

문화
엿보기

주거 형태에 따라
달라지는 이웃 간
문제 & HOA

▶ **미국인에게도 이웃 간의 '정'이란 것이 있다.**

흔히 미국은 개인주의가 강해 '정'이 없다는 생각, 그리고 한국처럼 존칭어를 쓰지 않기 때문에 '예의'가 엄격하지 않다는 생각을 할 수 있습니다. 하지만 미국인들도 지인들과 정을 충분히 주고받고, 상대를 부르는 호칭이나 말투/어휘를 통해 충분히 예와 존중을 표합니다. 특히 동네 이웃의 경우 미국은 넓은 땅에 개인 주택이 발달돼 있어 이웃을 마주칠 일도 거의 없고 개인주의가 강해 이웃에게 관심도 없을 거라 생각하기 쉽지만, 막상 만나면 서로 반갑게 small talk(소소한 대화)을 나누며 친해지고 쉽게 정을 쌓아 가는 모습도 볼 수 있습니다.

▶ **미국에서 이웃 간 문제는 '주거 형태'에 영향을 많이 받는다.**

미국에서 이웃과의 문제는 '주거 형태'에 크게 영향을 받는데요. 예를 들어 아파트나 콘도는 이웃과 가까이 붙어 살기 때문에 층간 소음, 담배나 마리화나의 흡연으로 인한 연기, 파티로 인한 소음, 주차 공간 침범 등의 문제가 발생할 수 있습니다. 개인 주택의 경우 담장을 두고 이웃과 가깝게 붙어 있을 경우 옆집 나무가 담을 넘어와 열매, 벌레, 나뭇잎이 떨어져 이를 청소하는 문제, 애완동물의 침입, 시끄러운 파티와 손님의 방문으로 인한 소음 등의 문제가 생길 수 있습니다. 따라서 미국인들은 더 비싼 가격을 주고서라도 개인의 자유를 확실히 보장받을 수 있는 위치의 집을 선호하는 경향이 있습니다.

▶ **동네의 각종 문제를 관리해 주는 HOA(주택소유주협회)**

HOA는 Home Owners Association의 약자로서 동네나 단지의 각종 문제를 예방/관리/처리를 하는 곳이며, 이웃과 문제가 생겼을 땐 바로 이 HOA에 신고하여 도움을 요청할 수 있습니다. 물론 이웃끼리 서로 잘 해결할 수 있다면 가장 좋겠지만 몰상식한 이웃을 만나 대책이 없을 경우엔 HOA에 신고하여 공론화하고, 필요할 경우 주민들의 성명을 모아 증거를 마련하고 경찰에 신고를 할 수 있습니다.

파티가 너무 시끄럽다고 항의하기

주택이 많은 미국에선 집에서 파티를 많이 하는 편인데, 종종 주말 늦게까지 음악을 틀어 놓고 시끄럽게 파티를 하는 이웃들이 있습니다. 이런 경우엔 해당 이웃을 찾아가 'Excuse me, I don't want to spoil your party but it's 시간.(저기요, 댁의 파티를 망치고 싶진 않은데 지금 ~시예요.)'와 같이 정중하게 부탁해 볼 수 있는데, 그럼에도 이웃이 계속해서 시끄럽게 파티를 한다면 'I'm calling the police and pressing charges.(경찰에 전화해서 고소하겠습니다.)'와 같이 경고할 수도 있습니다. 실제로 미국에선 시끄러운 파티를 자주 여는 이웃을 대상으로 고소를 하는 경우가 종종 있습니다.

- I don't want to spoil your party but it's <u>시간</u>.
  댁의 파티를 망치고 싶진 않은데 지금 _____시예요.

- You have loud parties that go until <u>시간</u>.
  댁에선 _____일 때까지 시끄럽게 파티를 열잖아요.

- We can't relax in our own home.
  저희가 집에서 쉴 수가 없어요.

- I'm calling the police and pressing charges.
  경찰에 전화해서 고소하겠습니다.

VOCAB --

spoil 망치다 the wee hours of the morning 이른 아침 시각, 꼭두새벽 chill out 긴장을 풀다, 진정하다 press charges 고소하다

Excuse me, I don't want to spoil your party but it's 2 am.

저기요, 댁의 파티를 망치고 싶진 않은데 지금 새벽 2시예요.

Sorry but, you know, it's Saturday night.

죄송해요, 하지만 아시잖아요, 토요일 밤인 거.

I know but you have loud parties that go until the wee hours of the morning every single weekend. We can't relax in our own home.

아는데 댁에선 매 주말마다 꼭두새벽이 될 때까지 시끄럽게 파티를 열잖아요. 저희가 집에서 쉴 수가 없어요.

C'mon. Chill out! It's all good.

에이, 진정하세요! 좋은 게 좋은 거잖아요.

OK then, I'm calling the police and pressing charges. Maybe next time you'll think again before disturbing the whole neighborhood.

좋아요, 그렇다면 경찰에 전화해서 고소하겠습니다. 그럼 나중엔 온 동네 사람들 방해하기 전에 생각이란 걸 다시 한번 하게 되겠죠.

 **Scene 074**

층간 소음 때문에 힘들다고 항의하기

미국은 한국만큼 고층 아파트가 많지는 않지만 미국의 3~5층 정도의 콘도나 아파트 역시 윗집/아랫집이 존재하는 구조이기 때문에 윗집 아이들이 뛰어다니며 시끄럽게 굴면 층간 소음으로 고통 받을 수 있습니다. 이럴 땐 이웃집을 찾아가 아랫집에 산다고 얘기하면서 정중하게 'I'd appreciate it if your kids didn't run around after 시간.(~시 이후 엔 댁의 아이들이 안 뛰어다녔으면 좋겠습니다.)'라고 부탁해 볼 수 있는데요. 혹 층간 소음이 너무 심하게 지속될 경우엔 동네를 관리하기 위해 만들어진 '주택소유주협회(Home Owners Association, 줄여서 HOA)'에 신고해서 문제를 해결할 수도 있습니다.

- I'm _이름_ and I live below you.
  전 _____ 라고 하고 아래층에 살아요.

- I'd appreciate it if your kids didn't run around.
  댁의 아이들이 안 뛰어다녔으면 좋겠는데요.

- I really need to rest in the evening.
  저 저녁엔 정말 쉬어야 하거든요.

- Can you put some carpet or area rugs on the floor?
  카펫이나 바닥 깔개를 깔아 보시겠어요?

> **VOCAB**
>
> control 통제하다 work from home 집에서 일하다 rest 쉬다 put ~ down ~을 깔다 reduce 줄이다 noise 소음

Hi, I'm Sophie and I live below you. I'd really appreciate it if your kids didn't run around after 10 at night.

안녕하세요, 전 Sophie라고 하고 아래층에 살아요.
밤 10시 이후엔 댁의 아이들이
안 뛰어다녔으면 진짜 좋겠는데요.

Ok, but it's really hard to control them. What do you want me to do?

알겠습니다, 하지만 애들을 통제하는 게
워낙 힘들어서요. 제가 뭘 어쩌겠어요?

I understand, but I work from home and really need to rest in the evening.

이해는 하는데요, 제가 집에서 일을 하고
저녁엔 정말 쉬어야 하거든요.

I'm so sorry about this. They are wild young boys and never listen to me.

시끄럽게 해서 정말 죄송해요.
거친 남자애들이라 제 말을 듣질 않네요.

Can you put some carpet or area rugs on the floor? They will really help reduce the noise.

카펫이나 바닥 깔개를 깔아 보시겠어요?
소음을 줄이는 데 도움이 될 거예요.

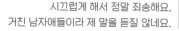

개가 너무 위협적이라고 항의하기

미국인들은 개를 정말 좋아하고 많이 키우지만, 위험한 행동을 보이거나 사람을 공격하는 개들에 대해서는 이를 엄격하게 관리하는 법이 있습니다. 예를 들어 미국에선 개가 사람을 물어 죽게 하는 사고가 발생하면 그 개를 안락사 시키고, 'Animal Control(동물 관리국)'이란 곳에 위험한 동물을 신고하면 해당 기관에서 그 동물을 데려 갑니다. 따라서 이웃의 개가 너무 심하게 짖거나 공격적인 행동을 보일 경우 이웃에게 개가 너무 사납게 짖고 공격적이니 주의해 달라고 직접 말할 수도 있지만, 계속해서 이웃이 문제 의식을 갖지 못할 땐 Animal Control에 신고하겠다고 경고할 수도 있습니다.

- **I feel bad coming to you about this.**
  이런 일로 뵙게 돼서 좀 그렇네요.

- **Your dog barks so ferociously.**
  댁의 개가 너무 사납게 짖어서요.

- **I've witnessed her showing her teeth to <u>사람</u>.**
  개가 _____에게 이빨을 보이는 걸 목격했다고요.

- **If she ever snaps at me, I'm calling <u>명사</u>.**
  개가 저에게 달려들기라도 하면 전 _____에 전화할 겁니다.

> **VOCAB**
>
> bark 짖다 ferociously 사납게 witness 목격하다 snap at ~ ~에게 달려들다, ~을 덥석 물다 Animal Control 동물 관리국

I feel bad coming to you
about this, but your dog barks
so ferociously every time I walk by.

이런 일로 뵙게 돼서 좀 그런데, 제가 지나갈
때마다 댁의 개가 너무 사납게 짖어서요.

Don't worry, it's safe. Little Foxy is
so nice and has never attacked anyone.

걱정 마세요, 안전해요. Foxy는 착해서
아무도 공격한 적이 없어요.

She might be nice to you but I've
witnessed her showing her teeth
to other neighbors walking by.

개가 당신에겐 착하겠죠, 하지만
전 댁의 개가 지나가는 다른 이웃들에게
이빨을 보이는 걸 목격했다고요.

She has never ACTUALLY
attacked anyone before though.

어쨌든 저희 개는 이전에
정말로 아무도 공격한 적이 없어요.

Excuse me, I'm warning you,
if she ever even snaps at me
I'm calling Animal Control.

저기요, 경고하는데 만약 개가
저에게 달려들기라도 하면
전 동물 관리국에 전화할 겁니다.

 **Scene 076**

주차를 제대로 해 달라고 부탁하기

땅덩이가 넓은 미국에서 차는 '발'이나 다름없기 때문에 각 가정은 가족 내 성인 수만큼 차량을 보유하고 있고, 따라서 집을 구할 때 주차 공간이 매우 중요합니다. 특히 콘도나 아파트에선 호수별로 주차 공간을 배정 받아 쓰는데(추가 차량이 있을 땐 관리소에 부탁해 주차 공간을 추가로 확보해야 함), 혹 내 주차 공간을 자꾸 침범하며 주차하는 이웃이 있다면 주차장에서 마주쳤을 때 '자꾸 공간을 침범하며 주차하신다'라고 정중히 설명하고, 이웃이 기분 나쁘지 않도록 'I hope you don't take it the wrong way.(이걸 나쁘게 받아들이지는 않으셨으면 해요.)'와 같은 말도 덧붙이면 좋습니다.

- **My spot is number 숫자 .**
  제 (주차) 자리는 _____번이에요.

- **You cross over into my spot all the time.**
  항상 제 (주차) 자리로 넘어오시더라고요.

- **It makes it hard for me to pull in or out.**
  그것 때문에 제가 차를 대거나 빼기가 힘들어요.

- **I hope you don't take it the wrong way.**
  이걸 나쁘게 받아들이지는 않으셨으면 해요.

> **VOCAB** --
>
> park 주차하다 (parking) spot (주차) 공간 pull in/out 차를 대다/빼다
> take it wrong way 나쁘게 받아들이다, 오해하다

**Excuse me, I'm Lora.
I think you're the neighbor
who parks beside me.
My spot is number 90.**

실례합니다, 전 Lora라고 해요.
제 옆 자리에 주차하시는 이웃 분인 것 같은데.
제 자리는 90번이거든요.

**Oh, yes. Mine is 91.
Is something wrong?**

네, 제 자린 91번이에요. 뭐 문제 있나요?

**Actually, yes.
You cross over into my spot
all the time, which makes it
hard for me to pull in or out.**

네. 실은 항상 제 자리로 넘어오셔서
차를 대거나 빼기 힘들어서요.

**I'm pretty sure
I park right in my spot.**

전 분명 제 자리에 딱 맞게 주차하는데요.

**No, let me show you some photos
that show how you park. I hope
you don't take it the wrong way.**

아니요, 선생님께서 어떻게 주차하시는지를 담은
사진을 몇 장 보여드릴게요. 이걸 나쁘게
받아들이지는 않으셨으면 해요.

이웃집 싸움이 너무 심하다고 신고하기

이웃집에서 고성을 지르며 너무 심하게 싸워 위험해 보이거나 생활에 지장을 초래할 경우, 앞서 언급되었던 'HOA(주택소유주협회)'에 신고하면 해당 이웃에게 경고 통지서를 보내 줍니다(너무 심할 경우엔 경찰에 신고하여 문제를 해결할 수도 있음). 미국에선 동네마다 차이가 있긴 하지만 대부분 주택이나 콘도로 된 동네엔 'HOA(주택소유주협회)', 아파트엔 'Leasing Office(관리소)'가 있습니다. HOA와 Leasing Office는 집을 구하는 것에서부터 동네/단지 및 입주자 관리, 동네/단지에 문제가 발생했을 시 불편 신고를 접수 받은 후 문제를 처리하는 등의 역할을 하는 곳입니다.

- This is 이름 , the resident in unit 호수 .
  전 _____호에 사는 _____라고 하는데요.

- I'd like to file a complaint about 명사 .
  _____에 대해 신고하려고요.

- They fight like crazy people, 동사-ing .
  그 사람들 _____하면서 마치 미친 사람들처럼 싸워요.

- We need to collect signatures from 사람 .
  우린 _____의 서명을 받아야 해요.

> **VOCAB**
>
> resident 거주자, 주민 file a complaint 항의하다, 고소(신고)하다
> violent 폭력적인, 격렬한 curse 욕(설)을 하다 slam 쾅 닫다

Hi, this is Sue, the resident
in unit 7. I'd like to file a complaint
about my downstairs
neighbors' violent fights.

안녕하세요. 전 7호에 사는 주민 Sue라고 하는데요.
아랫집 사람들 싸움이 심해서 신고하려고요.

Yes, I've had complaints about
them from other neighbors too.

네, 다른 이웃들도 그 사람들을 신고했어요.

They fight like crazy people,
cursing at each other, throwing
things, slamming doors.

그 사람들 서로 욕을 퍼붓고,
물건 던지고, 문을 쾅쾅 닫으면서
마치 미친 사람들처럼 싸워요.

We sent them a notice about
the issue but they refuse
to do anything.

저희가 그분들께 이 문제에 대해 말은 했는데
그 사람들 뭘 하려는 의지가 없어요.

I think we need to collect signatures
from other neighbors and use
them as proof for a police report.

제 생각엔 저희가 다른 이웃들의 서명을 받아서
이걸로 경찰에 신고해야 할 것 같아요.

이웃의 흡연 때문에 힘들다고 신고하기

미국에서는 거의 모든 단지 내에 금연 규정이 있습니다. 따라서 이러한 규칙을 어기고 흡연을 하는 이웃이 있을 경우 'HOA(주택소유주협회)'에 신고하면 됩니다. 혹 금연 규정이 없는 곳에 산다 해도 이웃의 지나친 흡연으로 고통 받고 있다면 이 역시 HOA에 신고할 수 있습니다. HOA에 신고할 땐 'This is 이름 from 호수 unit.(저는 ~호에 사는 ~라고 합니다.)'와 같이 신상부터 밝힌 다음 '사람 smokes cigarettes/marijuana all the time.(~가 매일 담배/마리화나를 피워요.), I can't even open my windows.(심지어 창문을 열 수도 없어요.)'와 같이 피해 정황을 설명하면 됩니다.

- The tenant below us smokes <u>명사</u> all the time.
  저희 아랫집에 사는 세입자가 매일 _____을 피워요.

- Smoking is prohibited in <u>장소</u>, right?
  _____에서 흡연은 금지되어 있잖아요, 맞죠?

- I can't even open my windows.
  심지어 창문을 열 수도 없어요.

- I'm sure you know how dangerous <u>명사</u> is.
  _____가 얼마나 위험한지는 분명 잘 아실 거예요.

> **VOCAB**
>
> tenant 세입자 smoke a cigarette 담배를 피다 prohibit 금지하다
> complex (건물) 단지 second-hand smoke 간접흡연

**Hi,
this is Liz from unit 103.**

안녕하세요.
저는 103호에 사는 Liz라고 하는데요.

How can I help you?

뭘 도와드릴까요?

**The tenant below us
smokes cigarettes and marijuana
all the time. My understanding
is that smoking is prohibited
in this complex, right?**

저희 아랫집에 사는 세입자가
매일 담배와 마리화나를 피워서요.
제가 알기로는 이 단지에선
흡연이 금지되어 있는데, 맞죠?

**Yes, it is. What is
the unit number again?**

네, 맞습니다.
다시 묻는데 거기가 몇 호죠?

**It's number 101.
I can't even open my windows.
I'm sure you know how dangerous
second-hand smoke is.**

101호요. 심지어 창문을 열 수도 없어요.
간접흡연이 얼마나 위험한지는 분명 잘 아실 거예요.

Review & Practice

① _____

실례합니다, 제 옆 자리에 주차하시는 이웃 분인 것 같은데.

_____ ②

네, 맞아요. 뭐 문제 있나요? (사납게 짖는 개를 끌고 가던 중)

③ _____

항상 제 자리로 넘어오셔서 제가 차를 대거나 빼기 힘들어서요.

_____ ④

정말 죄송해요. 그나저나, 전 Tom이고 댁 아래층에 살아요.

⑤ _____

전 Liz예요. 댁의 개는 제가 지나갈 때마다 너무 사납게 짖네요.

_____ ⑥

걱정 마세요, 우리 개는 착해서 아무도 공격한 적 없어요.

⑦ _____

그리고 주말마다 시끄럽게 파티하시는데. 집에서 쉴 수가 없어요.

_____ ⑧

죄송해요. 그런데 전 댁의 애들이 밤에 뛰지 좀 말았으면 좋겠어요.

⑨ _____

흠, 알겠어요. 거친 남자애들이라 통제하기가 워낙 힘드네요.

_____ ⑩

아, 그리고 이 단지에선 흡연이 금지된 걸로 아는데, 맞죠?

 ⑪ _____

맞아요. 그런데 저희 아랫집 세입자가 매일 담배를 피우더라고요.

_____ ⑫

저는 창문도 못 열어요. 간접흡연이 얼마나 위험한지 아시잖아요.

정답

① Excuse me, I think you're the neighbor who parks beside me.

② Oh, yes. Is something wrong?

③ You cross over into my spot all the time, which makes it hard for me to pull in or out.

④ I'm so sorry. By the way, I'm Tom and I live below you.

⑤ I'm Liz. Your dog barks so ferociously every time I walk by.

⑥ Don't worry, it's safe. She is nice and has never attacked anyone.

⑦ And you have loud parties every weekend. We can't relax in our own home.

⑧ Sorry. By the way, I'd appreciate it if your kids didn't run around at night.

⑨ Well, ok. They are wild young boys and it's really hard to control them.

⑩ And my understanding is that smoking is prohibited in this complex, right?

⑪ Yes, it is. But the tenant below us smokes cigarettes all the time.

⑫ I can't even open my windows. I'm sure you know how dangerous second-hand smoke is.

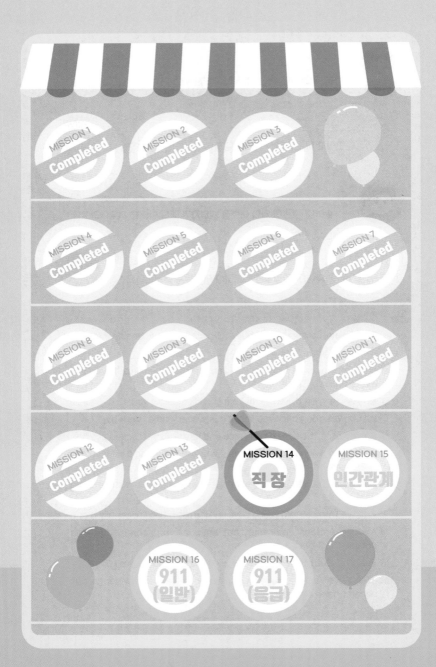

MISSION
14

직 장

상사, 사장에게도
할 말은 다 하는
미국 직장 문화

▶ **직장 내 상하 관계에도 영향을 미치는 미국의 개인주의**

직장에선 다양한 직급을 가진 개인들이 '상사-직원'과 같은 상하 관계를 이루며 일하는데, 특히 한국과 같은 아시아 국가에선 이 같은 상하 관계가 대부분 엄격히 지켜지기 때문에 상사에겐 더 존중을 표하게 되고 의견을 내놓을 때에도 더 조심스러워하는 경향이 있습니다. 미국 역시 직원이 상사나 사장을 불편하게 하지 않으려 조심히 행동하긴 하지만, 미국인들은 '개인주의와 자유'는 직장이라 해도 양보할 수 없는 부분이라 생각하기 때문에 상사나 사장과 문제가 있을 경우 문제를 해결하는 방법이 한국인들과는 다소 차이가 있습니다.

▶ **상사, 사장에게도 할 말은 다 하는 직장 문화**

미국에선 아무리 직급이 낮은 직원이라 해도 상사나 사장이 자신의 권리를 침해하거나 법에 저촉되는 행위를 하면 주저없이 문제를 제기하고 심지어 고소까지 하는 경우를 심심찮게 볼 수 있습니다. 예를 들어 법으로 정해진 점심/휴식 시간을 제대로 보장해 주지 않을 땐 HR(인사과)을 통해 조사를 요청하거나 직접 신고/고소를 하기도 하고, 심지어 화장실에 손을 닦을 수 있는 일회용 타월이 부족하다는 이유로 사장이나 회사를 고소하기도 합니다. 이처럼 미국에서는 자신의 권리가 침해 당할 때 당당하게 시정과 보상을 요구하기 때문에 부당한 대우를 받고도 말도 못해 혼자 속으로 끙끙 앓는 경우는 찾아보기 힘듭니다.

▶ **성과나 태도가 불량한 직원은 언제든 해고가 가능**

반면 미국에선 상사나 사장이 업무 성과나 태도가 불량한 직원을 어떠한 예고나 경고도 없이 해고할 수 있습니다. 미국 영화나 드라마에서 어떤 직원이 하루 아침에 해고를 당해 박스에 자기 물건을 담아 나가는 장면이 결코 과장된 것이 아닙니다. 이 말인즉슨, 미국에선 직원이든 상사든 법이 보장하는 범위 내에서 '직원으로서, 상사로서 자신의 권리'를 동등하게 행사함을 뜻합니다.

점심/휴식 시간을 보장해 달라고 하기

미국은 주/군(state/county)에 따라, 회사에 따라, 고용 시 계약 사항에 따라 차이가 있을 순 있지만 근로자의 점심/휴식 시간은 근무 시간을 기준으로 노동법에 따라 유급으로 보장됩니다. 따라서 나의 고용주가 법으로 보장되는 점심/휴식 시간에 대한 급여를 지급하지 않고 있다면, 'Do you have a minute? I have something to discuss with you.(잠깐 시간 괜찮으세요? 상의 드리고 싶은 게 있습니다.)'와 같이 예의 바르게 운을 띄운 다음 '내겐 점심/휴식 시간에 대한 권리가 있다, 이에 대한 체불 임금을 지불해 달라'고 하며 합법적인 나의 권리를 당당하게 주장해야 합니다.

- My understanding is I am entitled to 명사 .
  제가 알기로 저는 _____에 대한 권리가 있습니다.

- I haven't been getting paid for 명사 .
  저는 _____에 대한 급여를 못 받았습니다.

- I would like to be fully paid going forward.
  앞으로는 급여를 빠짐없이 받았으면 합니다.

- I would like to receive back pay.
  체불 임금을 받았으면 합니다.

> **VOCAB**
>
> work hours 근무 시간 paid lunch time 유급(급여가 지급되는) 점심 시간 get paid 급여를 받다 legal 합법적인 back pay 체불 임금

Mr. K. Do you have a minute? I have something to discuss with you.

(이름이 K인) 사장님. 잠깐 시간 괜찮으세요?
상의 드리고 싶은 게 있습니다.

Yes, come in. What's going on?

네, 들어오세요. 무슨 일인가요?

My understanding is I am entitled to paid lunch time and breaks based on my work hours.

제가 알기로 저는 제 근무 시간을 기반으로
급여가 지급되는 점심 시간과 휴식 시간을
가질 권리가 있는 걸로 알고 있습니다.

What is your issue, exactly?

정확히 뭐가 문제인 거죠?

It is that I haven't been getting paid for that time. That's not legal. I would like to be fully paid going forward, and receive back pay.

제가 그 시간에 대한 급여를
못 받았다는 게 문제입니다. 그건 불법이에요.
앞으로는 급여를 빠짐없이 받고 싶고,
체불 임금도 받았으면 합니다.

Scene 080

🔊 MP3 080

수당 없는 휴일 근무에 대해 항의하기

미국에서는 휴일/초과 근무에 대한 초과 급여 지급을 엄격히 준수하는 편입니다. 하지만 간혹 급여도 안 주면서 교묘하게 휴일/초과 근무를 시키는 경우가 있는데, 이럴 땐 감정을 앞세우지 말고 'It's great working with you but I want to spend more time with ~ on weekends.(사장님과 일하는 건 좋습니다만, 주말엔 ~와 좀 더 시간을 보내고 싶습니다.)'와 같이 정중하게 이의를 제기하고, 구체적인 문제점을 말할 땐 '문제는 A: ~라는 거고, B: ~라는 겁니다'와 같이 조목조목 논리적으로 말하는 것이 좋습니다. 영어로는 '첫째, 둘째' 외에 'A, 그리고 B'와 같은 순서로도 말하니 참고해 두세요.

- **It's great working with you but I want to 동사 .**
  사장님과 일하는 건 정말 좋습니다만, 전 _____하고 싶습니다.

- **You keep forcing me to work on weekends.**
  당신이(사장님께서) 계속 주말에 절 일하게 만드시잖아요.

- **You don't pay overtime.**
  당신은(사장님께선) 초과 근무 수당을 안 주시잖아요.

- **I can't be productive during the week.**
  한 주 내내 생산적으로 일할 수가 없어요.

(VOCAB)

have a choice 선택권이 있다 keep forcing A to 동사 A가 ~하게끔 계속 강요하다 overtime 초과 근무 affect 영향을 미치다

**It's great working with you
but I want to spend more time
with my family on weekends.**

사장님과 일하는 건 정말 좋습니다만, 주말엔
가족들과 좀 더 시간을 보내고 싶습니다.

**Well, you have a choice.
You could say no.**

뭐, 선택은 당신에게 달린 거죠.
(싫으면) 싫다고 하셔도 되고요.

**But you keep forcing me to work
on weekends and holidays.**

하지만 사장님께서 계속 주말과 휴일에
절 일하게 만드시잖아요.

**I am entitled to request
you to work overtime.**

저에겐 당신에게 초과 근무를
요청할 권리가 있습니다.

**The problem is that - A: you don't
pay overtime. and B: it's affecting
the rest of my performance on
weekdays. I'm so tired. I can't be
productive during the week.**

문제는 이겁니다. A: 초과 근무 수당을 안 주신다는 것.
B: 주중 나머지 업무 수행에 영향을 준다는 것. 저 너무
피곤해요. 한 주 내내 생산적으로 일할 수가 없어요.

휴가를 쓸 권리가 있다고 항의하기

미국에서는 회사에 따라 근무 시간이 어느 정도 누적되어야 휴가를 쓸 수 있는 경우도 많습니다. 그런데 휴가를 쓸 수 있을 만큼 근무 시간이 충분히 누적되어 윗사람에게 휴가를 쓰겠다고 요청했음에도, 뚜렷한 이유도 없이 이를 못 쓰게 막는 경우가 있습니다. 이럴 땐 'I'm pretty sure I'm in a position to request paid time off.(저는 유급 휴가를 신청할 자격이 확실히 된다고 봅니다.)'와 같이 휴가를 쓸 권리가 있음을 강하게 어필해 보고, 만약 그럼에도 계속 휴가 사용을 막으려 한다면 HR(인사과)에 회의를 신청하여 이에 대한 조사를 요구하겠다고 항의해도 됩니다.

- **I need some downtime to recharge 때 .**
  저 _____(인 때)에 재충전할 휴식 시간이 좀 필요합니다.

- **When would be the best time?**
  언제가(언제 가는 게) 가장 좋을까요?

- **I'm in a position to request paid time off.**
  저는 유급 휴가를 신청할 자격이 됩니다.

- **I'm requesting a meeting with HR.**
  인사과에 회의를 요청하겠습니다.

> **VOCAB**
>
> downtime 휴식 시간 recharge 재충전하다 accrue 누적하다(되다)
> paid time off 유급 휴가 investigate 조사하다

I need some downtime to recharge
with my family next month.
When would be the best time?

다음 달에 가족과 함께 재충전할 휴식 시간이
좀 필요합니다. 언제 가는 게 가장 좋을까요?

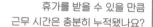

Well, have you accrued
enough vacation time?

휴가를 받을 수 있을 만큼
근무 시간은 충분히 누적됐나요?

I'm pretty sure I'm in a position
to request paid time off for vacation.
I've been working here without
a break for three years.

저는 휴식에 필요한 유급 휴가 신청 자격이 확실히
된다고 봅니다. 저 여기서 3년간 쉼 없이 일했어요.

It's just not the right time
to take it.

지금은 휴가 받기 좋은 때는 아닙니다.

You've never let me go on vacation.
I'm requesting a meeting with HR
so they can investigate why you
won't allow me to use it.

제게 한 번도 휴가를 가게 허락해 주시질 않는군요.
왜 저로 하여금 휴가를 못 쓰게 하려고 하시는지
인사과에서 조사할 수 있게 회의를 요청하겠습니다.

본업 외 일은 시키지 말라고 요청하기

직장에서 상사가 세탁소 심부름, 자녀의 픽업 등과 같은 개인적인 잔심 부름을 시키는 경우가 있을 수 있는데, 이는 분명 직장에서 내가 하기로 약속된 일, 즉 '본업'에 포함되지 않는 일입니다. 따라서 이럴 경우 'It takes away from the job you hired me for.(이건(잔심부름은) 저를 고용하신 이유인 본업을 할 시간을 뺏습니다.)'와 같이 업무 외적인 일은 내가 고용된 이유도 아닐뿐더러 이로 인해 정작 본업에 집중할 시간이 침해 받고 있음을 분명히 말하고, 그러면서 'I need to focus on it.(전 여기에(현재 일에) 집중해야만 합니다.)'라고 덧붙이면 상사가 충분히 알아들을 것입니다.

- The way we work together doesn't <u>동사</u> .
  저희가 함께 일하는 방식이 _____ 하지 않습니다.

- <u>명사</u> doesn't allow me to concentrate on A.
  _____ 이 제가 A에 집중을 못하게 하고 있습니다.

- It takes time away from <u>명사</u> .
  이건 _____ 에서(을 할) 시간을 뺏습니다.

- I'm working on <u>명사</u> and I need to focus on it.
  저는 _____ (에 대한 일)을 진행 중이라 여기에 집중해야 합니다.

> (VOCAB) -
>
> allow A to 동사 A가 ~하게 허용하다 concentrate 집중하다 personal 개인적인 run errands 심부름을 하다 focus on ~ ~에 집중하다

Mrs. Russell, I'm sorry but the way we work together doesn't allow me to concentrate on what I have to do.

(이름이 Russell인) 사장님, 죄송하지만
저희가 함께 일하는 방식이 제가 하는
일에 집중을 못하게 하고 있습니다.

What do you mean?

그게 무슨 뜻이죠?

When you ask me to run personal errands, it takes time away from the job that you hired me for.

저한테 개인적인 심부름을 시키시면
본래 저를 고용하신 이유인
본업을 할 시간을 뺏기거든요.

Oh, I am sorry. I thought you could deal with it.

아, 미안해요. 전 당신이 그걸 다
처리할 수 있을 걸로 생각했어요.

I'm working on this important project and I need to focus on it.

제가 중요한 프로젝트를 진행 중이라
여기에 집중해야만 합니다.

급여가 밀리는 것에 대해 항의하기

대다수의 미국인들은 월세로 사는 경우가 많아 매달 집세도 내야 하고, 'credit score(신용 점수)'를 잘 유지하려면 각종 생활비 또한 제때 내야 합니다(신용 점수가 생활에 많은 영향을 끼침). 그런데 급여가 밀리면 이러한 각종 지불이 꼬여 다양한 문제가 생길 수 있기 때문에 임금 체불 문제가 생겼을 땐 'It will negatively impact my credit score.(이러면 제 신용 점수에 악영향이 갈 거예요.)'라고 강조하면서 급여를 월급날 제때 지급해 달라 요청하고, 만약 고용주가 적극적인 개선 의지를 안 보인다면 'We'll sue you for late wages.(임금 체불로 소송을 걸겠다.)'고 경고할 수도 있습니다.

- This is ___서수___ time that you have paid us late.
  저희한테 급여를 늦게 주신 게 이번이 _____번째입니다.

- If I can't pay ___명사___, it will negatively impact ___명사___.
  _____(에 대한 비용)을 못 내면 _____에 악영향이 갈 거예요.

- I'd like you to pay us on payday.
  급여를 월급날 제때 주셨으면 합니다.

- If this keeps up we'll sue you for late wages.
  만약 이게 계속되면 임금 체불로 소송을 걸겠습니다.

VOCAB

CPA 공인회계사 paycheck 급여 (지불 수표) impact 영향(을 주다)
credit score 신용 점수 sue 소송을 걸다 late wage 체불 임금

This is the fifth time that you have paid us late.

저희한테 급여를 늦게 주신 게
이번이 다섯 번째입니다.

I asked my CPA to take care of the paychecks but he is late again.

회계사에게 급여 수표를 처리하라고
했는데 그분이 또 늦었군요.

If I can't pay my rent or my bills, it will negatively impact my credit score.

집세와 고지서 비용을 못 내면
제 신용 점수에 악영향이 갈 거예요.

Ok, I'll try to figure it out by the end of this week.

알겠어요, 이번 주 말까지
해결해 보도록 할게요.

I'd like you to pay us on payday with no more delays. If this keeps up we'll sue you for late wages.

더 이상 지연되는 일 없이 급여를 월급날
제때 주셨으면 합니다. 만약 이게 계속되면
임금 체불로 소송을 걸겠습니다.

약속된 급여 인상을 이행하라 요청하기

급여와 같은 '돈' 이야기는 국적을 떠나 쉽사리 입이 떨어지지 않는 주제일 수 있습니다. 따라서 가능하면 처음 고용 계약을 진행할 때 임금 인상에 대한 내용을 사전에 협의하고, 약속한 인상 시기가 돌아왔을 때 이를 근거로 'I was supposed to get one after ~.(~ 후에 그걸(급여 인상을) 받기로 돼 있었습니다.)'라고 말하며 약속대로 월급을 올려 달라 요청하면 좋고, 만약 이에 대한 이행이 불가하다는 입장을 고수할 경우 약속을 못 지키면 'I can't guarantee I will continue working here.(여기서 계속 일할 거란 장담 못하겠습니다.)'라는 단호한 입장을 내비치는 것도 좋은 방법입니다.

- **I'd like to ask you for a raise.**
  급여를 올려 주셨으면 합니다.

- **I was supposed to get one after 명사 .**
  _____ 후에 그걸(급여 인상을) 받기로 돼 있었습니다.

- **We negotiated it when I started working here.**
  제가 여기서 일을 시작할 때 여기에 대해 협의했어요.

- **I can't guarantee I will continue working here.**
  저 여기서 계속 일한 거란 장담 못하겠습니다.

> **VOCAB**
>
> probation 수습 negotiate 협상(협의)하다 with all due respect 정말 죄송하지만 (말씀드리고 싶은 것은) guarantee 보장하다

Talk 급여 인상 요청 ▶ 사전에 협의된 사항이라고 설명 ▶ 약속을 지키라고 강조

I'd like to ask you for a raise.
I was supposed to get one after
my three month probation period
but I haven't received it yet.

급여를 올려 주셨으면 합니다. 3개월 수습 기간 후,
받기로 돼 있었는데 아직도 못 받고 있어서요.

Well, I wish I could give it to you,
but the economy is bad right now.

그게, 저도 인상된 급여를 드리고 싶은데
지금 경기가 너무 안 좋아서요.

But we negotiated it
when I started working here
and it's been six months.

하지만 제가 여기서 일을 시작할 때 여기에
대해선 협의했고 이제 6개월이나 지났어요.

I'm sorry, but HR has frozen
all raises and recruitment.

미안한데, 인사과에서 급여 인상과
채용을 모두 동결시킨 상태예요.

With all due respect,
if you can't deliver what you
promised I can't guarantee
I will continue working here.

정말 죄송한데, 약속한 걸 못 지키시면 저도
여기서 계속 일할 거란 장담 못하겠습니다.

Review & Practice

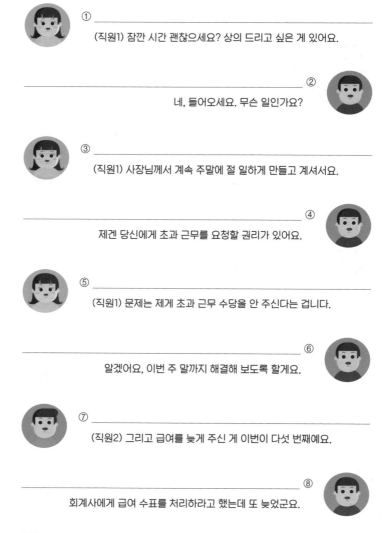

① _____

(직원1) 잠깐 시간 괜찮으세요? 상의 드리고 싶은 게 있어요.

_____ ②

네, 들어오세요. 무슨 일인가요?

③ _____

(직원1) 사장님께서 계속 주말에 절 일하게 만들고 계셔서요.

_____ ④

제겐 당신에게 초과 근무를 요청할 권리가 있어요.

⑤ _____

(직원1) 문제는 제게 초과 근무 수당을 안 주신다는 겁니다.

_____ ⑥

알겠어요, 이번 주 말까지 해결해 보도록 할게요.

⑦ _____

(직원2) 그리고 급여를 늦게 주신 게 이번이 다섯 번째예요.

_____ ⑧

회계사에게 급여 수표를 처리하라고 했는데 또 늦었군요.

⑨ _____

(직원2) 이런 일이 계속되면 임금 체불로 소송을 걸겠습니다.

_____ ⑩

(직원3) 저는 다음 달 가족과 재충전할 휴식 시간이 필요해요.

⑪ _____

휴가 받을 수 있을 만큼 근무 시간은 충분히 누적됐나요?

_____ ⑫

(직원3) 저는 유급 휴가 신청 자격이 확실히 된다고 봅니다.

정답

① Do you have a minute? I have something to discuss you.

② Yes, come in. What's going on?

③ You keep forcing me to work on weekends.

④ I am entitled to request you to work overtime.

⑤ The problem is that you don't pay overtime.

⑥ Ok, I'll try to figure it out by the end of this week.

⑦ And this is the fifth time that you have paid us late.

⑧ I asked my CPA to take care of the paychecks but he is late again.

⑨ If this keeps up, we'll sue you for late wages.

⑩ I need some downtime to recharge with my family next month.

⑪ Well, have you accrued enough vacation time?

⑫ I'm pretty sure I'm in a position to request paid time off.

MISSION 15

인간관계

밥 먹었냐고 묻는
인사, 한턱 쏘는
문화가 없는 미국

▶ '밥은 먹었니?' & '내가 낼게!'라는 말이 흔한 한국

한국에서는 상대방이 끼니를 챙겨 먹었는지 묻는 인사가 정이 담긴 인사라고 생각하는 경향이 있기 때문에 친구에게 '밥은 먹었어?'라는 말로 인사하는 일이 흔합니다. 그리고 친구와 함께 밥을 먹을 때에도 각자 돈을 내는 것이 정이 없다고 느껴져 '이번엔 내가 낼게'라고 말할 때도 많습니다(물론 요즘엔 한국에서도 각자 먹은 건 각자 계산하는 일이 흔합니다). 그런데 미국인 친구에게 똑같이 '밥은 먹었어? / 이번엔 내가 낼게'라고 하면 어떻게 받아들일까요?

▶ 밥 먹었는지 묻는 인사와 한턱 쏘는 문화가 없는 미국

미국인 친구에게 '밥은 먹었어?'라고 안부 인사를 건네면, 미국인들은 이를 인사가 아닌 '내가 밥을 먹었는지 안 먹었는지 왜 궁금해하는 거지?'라고 생각하며 어색해할 수 있습니다. 그리고 식사를 함께 한 뒤 '내가 낼게'라고 말하며 밥값을 계산하면(여기엔 암묵적으로 '다음 번엔 이 친구가 한턱 쏘겠지?'라는 기대가 깔려 있겠죠?) 미국인 친구는 그냥 단순한 호의로만 받아들이고 끝나는 경우가 많고, 더 나아가 밥값을 내 주는 이런 상황이 반복되면 '한국인 친구 = 밥 사 주는 사람, 미국인 친구 = 사 주는 밥을 당연히 먹어도 되는 사람'과 같은 관계가 돼 버릴 수도 있습니다. 미국은 한국처럼 '한턱 쏘는' 걸로 우정을 돈독히 하고 정을 표현하는 문화가 없기 때문이죠.

▶ 밥값은 각자 계산해도 OK! 미안하게 생각하지 말기

위와 같은 관계가 지속되다 보면 아무리 좋은 친구 사이라도 만나서 밥 한 끼, 차 한잔 하는 게 부담스러워질 수 있습니다. 그러니 애당초 서로에게 부담스럽지 않게 밥값은 각자 계산하는 것이 좋습니다. 미국에서는 각자 계산하는 것이 매우 자연스러운 일이며, 더 나아가 배고프지 않은 친구와 식당에 가서 나만 밥을 시켜 먹고 계산해도 상대가 불편해하지 않으니 이 또한 자연스럽게 받아들이세요.

왜 거짓말을 하느냐고 추궁하기

인간관계에서 발생할 수 있는 가장 불쾌한 것 중 하나가 바로 눈에 빤히 보이는 핑계와 거짓말을 일삼는 것인데요. 특히 남녀(혹은 친구) 사이에 있을 수 있는 대표적인 거짓말 중 하나는 바로 다른 곳에 있었다거나 휴대폰이 먹통이었다고 거짓말을 하며 연락이 두절되는 것입니다. 국적을 떠나 미국인 친구/애인이라 할지라도 이 같은 거짓말을 한다면 바로 불쾌함을 내비치며 'You haven't responded for ~.(너 ~ 동안 답도 없더라.), You should've called me back.(나한테 다시 전화했었어야지.), You are such a liar!(너 진짜 거짓말쟁이다!)'와 같이 단호하게 잘못된 행동을 지적해도 됩니다.

- I called you <u>횟수</u> and left voicemails too.
  내가 너한테 _____ 번이나 전화하고 음성 메시지도 남겼어.

- You haven't responded for <u>기간</u> .
  너 _____ 동안 답도 없더라.

- You should've called me back.
  나한테 다시 전화했었어야지.

- Why didn't you tell me? / You are such a liar!
  너 왜 나한테 말 안 했어? / 너 진짜 거짓말쟁이다!

> **VOCAB** ----------------------------------

cell phone reception 핸드폰 수신 (상태) leave town 동네를 떠나다 (여기선 문맥상 '출장 가다') interrogate 추궁하다

Max, I called you three times and left voicemails too, but you haven't responded for 2 days.

Max, 내가 너한테 세 번이나
전화하고 음성 메시지도 남겼는데,
너 이틀 동안 답이 없더라.

I went on a business trip and the cell phone reception was bad there. That's it.

나 출장 갔었는데 거기가 휴대폰 수신
상태가 안 좋았어. 그래서 그래.

Why didn't you tell me before you left town? You should've called me back as soon as you got back.

너 출장 가기 전에 왜 나한테 말 안 했어?
돌아오자마자 나한테 전화 했었어야지.

Are you interrogating me?

너 지금 나 추궁하는 거야?

**You are such a liar!
Your boss called to ask where you were since you haven't been to work for the past 2 days!**

너 진짜 거짓말쟁이다! 너희 사장님이
너 지난 이틀 동안 출근을 안 해서
너 어디 있냐고 전화해서 물어보셨어!

Mission 15 273

왜 필요할 때만 연락하냐고 따지기

한국인들 중엔 하기 싫거나 불편해도 친구의 부탁을 거절하지 못하거나, '미운 정'이란 말이 있을 정도로 내 마음에 안 들어도 '그래도 친구니까' 이용 당하는 사람들도 많습니다. 하지만 굳이 불쾌함을 참아가면서까지 이런 가짜 우정을 이어 갈 필요는 없겠죠? 국적을 떠나 미국인 친구 역시 필요할 때만 연락하는 친구라면 'The only time I hear from you is when you need something.(너한테 연락 올 땐 네가 뭔가 필요할 때뿐이잖아.), Real friends don't disappear after getting what they want.(진짜 친구는 원하는 걸 얻고 나서 사라지지 않아.)'라고 콕 집어 지적하는 것이 좋습니다.

- I wanted to check in on how you are doing.
  너 어떻게 지내나 안부 묻고 싶었어.

- The only time I hear from you is when 주어+동사 .
  너한테 연락 올 땐 _____ 일 때뿐이잖아.

- What kind of friendship are you expecting?
  넌 대체 어떤 우정을 기대하는 거야?

- Real friends don't disappear after getting 명사 .
  진짜 친구는 _____ 을 얻고 나서 사라지지 않아.

VOCAB

What's up? 잘 지내? 무슨 일이야? check in on ~ ~이 잘 지내는지 확인하다 ask ~ for a favor ~에게 부탁하다 disappear 사라지다

What's up, James?

무슨 일이야, James?

Hi Kate, long time no talk! I wanted to check in on how you are doing.

안녕, Kate, 오랜만에 통화한다! 너 어떻게 지내나 안부 묻고 싶었어.

The only time I hear from you is when you need something.

너한테 연락 올 땐 네가 뭔가 필요할 때뿐이잖아.

Actually, I'd like to ask you for a favor. Can you write a recommendation letter for me for a new job? That's what friends are for, right?

실은, 너한테 부탁하고 싶은 게 있어. 나 새 직장을 구하는데 추천서 좀 써 줄 수 있어? 친구 좋다는 게 이런 거잖아, 그치?

No. What kind of friendship are you expecting? Real friends don't disappear after getting what they want.

아니. 넌 대체 어떤 우정을 기대하는 거야? 진짜 친구는 원하는 걸 얻고 나서 사라지지 않아.

 **Scene 087**

빌려준 돈/물건 돌려 달라고 말하기

돈을 빌려가 놓고도 계속해서 갚지 않거나, 심지어 이전에 빌린 돈도 아직 안 갚았는데 또 돈을 빌려달라고 하거나, 혹은 물건을 빌려가 놓고 자기 것인 것마냥 계속 안 돌려주는 친구들이 종종 있습니다. 특히나 마음 약한 사람들은 돌려 달라는 말도 못하고 끙끙댈 수 있는데, 이럴 땐 건강하지 못한 친구 관계에 집착해 스트레스 받지 말고 그 친구가 돈을 언제 얼마나 빌렸고 어떤 물건을 언제 빌려갔는지 조목조목 나열하면서 'You've never returned it and I want it back.(너 그거 안 돌려줬고 나 그거 돌려받고 싶어.)'와 같이 직선적으로 의사 표현을 하는 것이 좋습니다.

- You've borrowed __금액1__ here or __금액2__ there.
  너 여기선 _____, 저기선 _____ 이렇게 빌렸잖아.

- It has added up to __총액__.
  그게 _____이 됐어. (= 그게 쌓여서 이젠 _____야.)

- I also lent you my __물건__ a while ago.
  내가 너한테 얼마 전에 _____도 빌려줬잖아.

- You've never returned it and I want it back.
  너 그거 안 돌려줬고 나 그거 돌려받고 싶어.

VOCAB

be short on ~ ~이 부족하다 add up to ~ ~이 되다 be hard on ~ ~을 심하게(빡빡하게) 대하다 speaking of ~ ~라니까 하는 말인데

Hi, Denny. Are you going to the Book Fair now?

안녕, Denny. 너 지금 책 박람회 가니?

Yep, are you? By the way, I'm a little short on cash right now, could you lend me 20 dollars?

응, 너도? 그나저나, 나 지금 현금이 부족해서 그러는데, 20달러만 빌려줄 수 있어?

Again? You've borrowed 20 dollars here or 30 dollars there over and over, and it has added up to 200 dollars.

또? 너 여기선 20달러, 저기선 30달러 이렇게 계속 빌렸잖아, 그게 쌓여서 이젠 200달러고.

Don't be so hard on me. I thought you were my best friend!

나한테 너무 빡빡하게 굴지 마. 난 네가 제일 친한 친구라고 생각했는데!

Speaking of best friends, I also lent you my tablet a while ago. You've never returned it and I want it back.

제일 친한 친구라니까 하는 말인데, 내가 너 얼마 전에 태블릿도 빌려줬잖아. 너 그거 안 돌려줬고 나 그거 돌려받고 싶어.

 **Scene 088**

 MP3 088

왜 내 뒷담화를 하고 다니냐고 따지기

다른 사람에겐 내 뒷담화를 하고 내 앞에선 친한 척하는 친구들은 사람에 따라 다른 모습을 보이는 이중성을 갖고 있기 때문에 나중에 이에 대해 따져 물어도 자신은 그런 적 없다고 우길 수 있습니다. 따라서 뒷담화를 우연히 듣게 되면 이를 녹음해 두었다가 이를 근거로 'You need to own up to it.(너 이거 인정해야만 할 거야.)'와 같이 따지는 것도 좋은 방법이며, 참고로 '뒷담화/험담하다'는 영어로 'talk behind someone's back(직역: ~의 등 뒤에서 말하다)'라고 하는데 구어체로는 'talk shit about someone(직역: ~에 대해 shit(거짓말, 쓸모 없는 것)을 말하다)'라고 정말 많이 말합니다.

- I know you told <u>사람</u> that <u>주어+동사</u> .
  네가 ＿＿＿＿한테 ＿＿＿＿라고 말한 거 다 알아.

- Why did you tell <u>사람</u> I <u>과거동사</u> ?
  너 왜 내가 ＿＿＿＿했다고 ＿＿＿＿한테 말한 거야?

- I <u>과거동사</u> while you were talking shit about me.
  네가 내 뒷담화하고 있을 때 나 ＿＿＿＿하고 있었어.

- You need to own up to it.
  너 이거(뒷담화한 거) 인정해야만 할 거야.

VOCAB

put A on the spot A를 곤란하게 하다 prove 증명(입증)하다 restroom stall 화장실 칸 own up to ~ ~을 인정(자백)하다

Hey Jessi, why don't you just say what your problem is with me?

야 Jessi, 너 나한테 문제 있으면
그냥 말을 하지 그래?

**What? What are you talking about?
You are putting me on the spot.**

뭐? 너 대체 무슨 말을 하는 거야?
너 날 참 곤란하게 만드네.

**I know you told the other girls that
I'm a liar. Why did you tell them
I did something I didn't even do?**

네가 다른 여자애들한테 내가 거짓말쟁이라고
말한 거 다 알아. 넌 왜 내가 하지도 않은 걸
했다고 걔들한테 말한 거야?

**I didn't.
Can you prove I said that?**

나 그런 적 없어.
너 내가 그랬다고 증명할 수 있어?

**Listen, I was in the restroom stall
while you were talking shit
about me and I recorded you.
You need to own up to it.**

잘 들어, 네가 내 뒷담화하고 있을 때
나 화장실 칸에 있었고, 내가 네 말 다
녹음했어. 너 이거 인정해야만 할 거야.

왜 말도 없이 약속에 늦냐고 따지기

살다 보면 종종 어쩌다 한 번이 아니라 '매번' 약속 시간에 늦는 친구들이 있습니다. 이럴 때 이를 '친구'라는 이유만으로 항상 참고 이해해 준다면 이는 결코 현명한 인간관계라 할 수 없을 것입니다. 좋은 인간관계는 한쪽의 일방적인 이해가 아닌, 서로에 대한 배려와 존중이 뒷받침되어야 하는 것이니까요. 따라서 이 같은 친구가 있다면 'Aren't we supposed to be meeting at ~?(우리 ~시에 만나기로 하지 않았어?)'와 같이 약속 시간을 상기시키면서 한 번쯤은 따끔하게 'If you can't keep a promise, don't make it.(약속을 못 지킬 것 같으면, 하지를 마.)'와 같이 지적하는 것이 좋습니다.

- **Aren't we supposed to be meeting at <u>시간</u>?**
  우리 _____시에 만나기로 하지 않았어?

- **I've been waiting over <u>숫자</u> minutes!**
  나 _____분 넘게 기다리고 있어!

- **You could've(= could have) let me know.**
  너 나한테 알려 줄 수 있었잖아.

- **If you can't keep a promise, don't make it!**
  약속을 못 지킬 거 같으면, 하지를 마!

  (VOCAB) ···

  run late 늦다 conference call 전화 회의 take time out of one's day ~의 하루 중 시간을 내다 keep a promise 약속을 지키다

Sean, aren't we supposed to be meeting at Cafe LA at 11 for brunch? I've been waiting over 20 minutes!

Sean, 우리 11시에 Cafe LA에서 만나 브런치 먹기로 하지 않았어? 나 20분 넘게 기다리고 있어!

I'm on my way, but running a little bit late. It will take me another 20 minutes.

가는 중인데, 좀 늦을 거 같아. 20분은 더 걸릴 거야.

You could've let me know before now that I was going to have to wait this long!

너 진작 나한테 알려 줄 수 있었잖아, 그 바람에 나 이렇게 오래 기다려야만 하게 된 거고!

Sorry but I had a conference call this morning. You should appreciate that I'm taking time out of my day!

미안한데 내가 오늘 아침에 전화 회의가 있었거든. 너 내가 오늘 시간 낸 거 고마워해야 된다!

My time is as precious as yours! If you can't keep a promise, don't make it!

내 시간도 네 시간만큼 소중하거든! 약속을 못 지킬 거 같으면, 하지를 마!

 **Scene 090**

이번엔 네가 계산할 차례라고 말하기

미국인들은 특별한 경우가 아니고서는 밥값은 대부분 각자 계산하는 편인데, 종종 한국인들이 미국인 친구들과 외식할 때 친구를 잘 대접하고 싶다는 마음이나 우정을 돈독히 하려는 차원에서 미국인 친구들의 밥값을 대신 내 주는 경우가 있습니다. 그런데 간혹 이 같은 상황에 익숙해져 식당을 갈 때마다 한국인 친구가 밥값을 내 줄 것이라 기대하는 미국인들을 볼 수 있는데요. 이럴 땐 불편해하지 말고 자연스럽게 'You owe me one since I paid for ~ last time.(지난번에 내가 ~ 샀으니까 너 나한테 하나 빚졌잖아. → 그러니까 이번엔 네가 사.)'와 같이 말해 보도록 하세요.

- **It's best place I've ever been to.**
  여긴 지금껏 가본 곳 중에서 최고야.

- **Thanks for the meal.**
  식사 고마워. (= 잘 먹었어.)

- **You owe me one since I paid for 명사 .**
  내가 _____을 샀으니까 너 나한테 하나 빚졌잖아.

- **Let's split the bill.**
  각자 계산하자.

VOCAB

You bet. 물론이지. (= 바로 그거야.) meal 식사 owe 빚을 지다, 신세를 지다 treat 대접하다 split the bill 각자 계산하다

I love the pancakes and Eggs
Benedict here! It's the best
place I've ever been to.

여기 팬케이크랑 에그 베네딕트
너무 좋아(너무 맛있어)!
지금껏 가본 곳 중에서 최고야.

Yeah, you bet!
Thanks for the meal.

그래, 네 말이 딱 맞아!
잘 먹었어.

Hey, you owe me one since
I paid for dinner last time.
It was an expensive dinner with you
and your girlfriend. Remember?

지난번 저녁은 내가 샀으니까 너 나한테
하나 빚졌잖아. 너랑 네 여자친구랑 같이
먹은 비싼 저녁이었는데. 기억하지?

I thought you wanted to treat us.
I'm actually short on cash today
but I'll get you next time.

난 네가 우리에게 사주고 싶어 한 줄 알았지.
실은 나 오늘 현금이 좀 부족하거든.
하지만 다음 번엔 내가 살게.

Then let's split the bill.
그럼, 각자 계산하자.

Review & Practice

① _____

Kate, 우리 11시에 Cafe LA에서 만나기로 하지 않았어?

② _____

가는 중인데, 좀 늦을 거 같아. 20분은 더 걸릴 거야.

③ _____

나 20분 넘게 기다리고 있어! 약속을 못 지킬 거면, 하지를 마!

④ _____

(만나서 식사 후) 지금껏 가본 곳 중 여기가 최고네. 잘 먹었어.

⑤ _____

지난번 저녁은 내가 샀으니까 너 나한테 하나 빚졌잖아. 기억하지?

⑥ _____

실은 나 오늘 현금이 좀 부족해서. 하지만 다음 번엔 내가 살게.

⑦ _____

(며칠 후) 너한테 세 번이나 전화했는데 너 이틀 간 답이 없더라.

⑧ _____

나 출장 갔었는데 거기 휴대폰 수신 상태가 안 좋았어.

⑨ _____

너한테 연락 올 땐 네가 뭔가 필요할 때뿐이지.

_____ ⑩

그나저나, 너 나한테 문제 있으면 그냥 말을 하지 그래?

⑪ _____

뭐? 너 대체 무슨 말을 하는 거야?

_____ ⑫

네가 내 뒷담화하고 있을 때 나 화장실 칸에 있었어.

정답

① Kate, aren't we supposed to be meeting at Cafe LA at 11?

② I'm on my way, but running a little bit late. It will take me another 20 minutes.

③ I've been waiting for over 20 minutes! If you can't keep a promise, don't make it!

④ It's the best place I've ever been to. Thanks for the meal.

⑤ You owed me one since I paid for dinner last time. Remember?

⑥ I'm actually short on cash today but I'll get you next time.

⑦ I called you three times but you haven't responded for 2 days.

⑧ I went on a business trip and the cell phone reception was bad there.

⑨ The only time I hear from you is when you need something.

⑩ By the way, why don't you just say what your problem is with me?

⑪ What? What are you talking about?

⑫ I was in the restroom stall while you were talking shit about me.

911(일반)

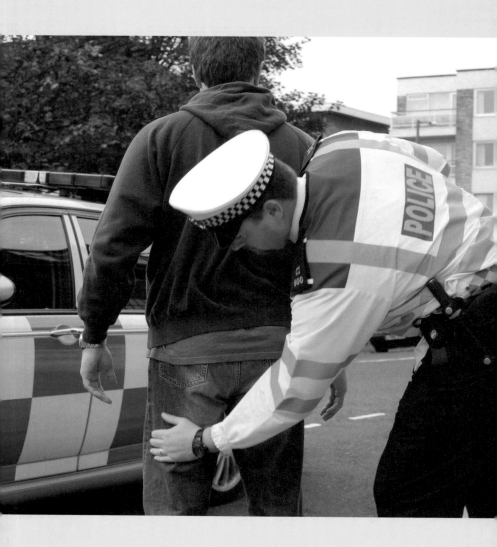

▶ 신고 정신이 투철한 미국인들

미국은 개인의 개성과 사생활을 존중하는 개인주의가 발달한 나라입니다. 따라서 다른 사람의 사생활은 잘 간섭하지 않는 편인데, 이와는 다소 모순되는 면이 하나 있습니다. 바로 주변에서 법에 저촉되는 일이나 위협적으로 보이는 일들이 발생하면 주저없이 911에 전화하는 '투철한 신고 정신'을 지녔다는 점입니다. 이것은 다른 사람의 개성과 사생활을 보호하는 것만큼 '나를 포함한 공동체의 생활과 자유 또한 보호해야 한다'는 정신이 강한 것에서 비롯되었다고 보시면 됩니다.

▶ 상황에 맞게 발 빠르게 대처하는 미국 경찰들

이렇게 911로 신고가 들어가게 되면, 미국에서는 경찰이 출동하여 매우 발 빠르게 대처하는 편입니다. 예를 들어, 이웃이 고성을 지르며 물건을 던지는 등 가정 폭력이 의심된다는 신고가 들어가면 즉각 경찰이 출동하여 싸움을 진정시키고, 도둑이나 난폭 운전자, 노숙자 등 누구든지 간에 시민의 안전과 생명에 조금이라도 위협을 가하는 사람이 있다는 신고가 들어가면 경찰이 빠르게 출동하여 문제를 해결합니다. 특히 미성년 아동이 연관된 경우엔 사태를 더 심각하게 받아들여 더 빠르게, 더 적극적으로 문제를 해결하려고 노력합니다.

▶ 경찰관, 소방관에 대한 미국인들의 인식

미국은 일반인들도 총기 소지가 가능한 만큼 경찰들 역시 총을 가지고 다니며, 경찰자들이 순찰을 돌 때 안에 'shot gun(샷건)'을 두 자루씩 넣어 다니는 모습도 흔히 볼 수 있습니다. 따라서 이 때문에 때론 경찰의 사건 진압이 과잉 진압으로 불거질 때도 있지만, 경찰의 발 빠른 대처로 위험에서 벗어난 시민들은 경찰에게 감사함과 존경심을 갖는 경우가 많습니다. 이와 함께 인명을 살리는 훌륭한 일을 하는 소방관 역시 미국 남자 아이들의 꿈 1순위로 꼽힐 정도로 미국인들에게 많은 감사와 존경을 받고 있습니다.

수상한 사람이 돌아다닌다고 신고하기

수상한 사람이 한 번도 아니고 계속해서 주변을 어슬렁거리면 불안함과 신변에 위협을 느낄 수가 있습니다. 이럴 경우 대부분의 미국인들은 911에 신고해 도움을 요청하는데요. 이처럼 수상한 사람이 주변에 있을 땐 시간이 지나면 해결될 거란 소극적인 생각보다는 911에 신고하는 즉각적인 대처로 혹시 모를 사고까지 미연에 방지하는 것이 좋습니다. 이 같은 일로 911에 전화했을 땐 'There is a suspicious looking person 동사-ing.(~하는 수상해 보이는 사람이 있어요.)'와 같이 신고하고, 그 뒤엔 이 사람이 며칠 동안 어떻게 주변을 맴돌고 있는지 수상한 동태를 묘사하면 됩니다.

- **There is a suspicious looking person 동사-ing .**
  _____하는 수상해 보이는 사람이 있어요.

- **He/She has been out there for 시간 .**
  이 사람 _____ 동안 밖에 있는 상태예요.

- **I'm afraid he/she might break into my house.**
  저 이 사람이 집에 들어올까 봐 무서워요.

- **We are all frightened by 명사 .**
  우리 모두 _____ 때문에 겁에 질려 있어요.

VOCAB

suspicious 수상한, 의심스러운 pace (초조한 듯) 서성거리다 in a row 연이어 shadowy 그림자의 lurk 도사리다, 숨어 있다

There is a suspicious looking person pacing in front of my house.

저희 집 앞을 서성거리는
수상해 보이는 사람이 있어요.

How long has he been there?

그 사람 거기에 얼마나 오래 있었죠?

Actually, this is the third night in a row I've seen him. Tonight, he's been out there for over an hour. I'm afraid he might break into my house.

실은, 이 사람을 3일 밤째 연달아 보고 있어요.
오늘밤엔 1시간 넘게 밖에 있는 상태고요.
저 이 사람이 집에 들어올까 봐 무서워요.

I'll dispatch the police. Please keep your lights on and make noise. Are you alone?

제가 경찰을 보낼게요. 불은 계속 켜 두시고
소리도 내시고요. 지금 혼자 계시나요?

I'm with my two daughters. We are all frightened by this shadowy figure lurking around in the dark.

두 딸과 있고요. 저희 다 어두운 데 숨어 있는
이 그림자 같은 형체 때문에 겁에 질려 있어요.

누군가 집에 침입했다고 신고하기

집에 도둑이나 강도가 침입했을 경우, 무엇보다 중요한 것은 '신변의 안전'이기 때문에 도둑과 맞서 싸울 생각보다는 911에 전화를 걸어 침착하게 상황 설명을 하며 요원의 지시를 따르고, 경찰이 도착해서 사건이 해결될 때까진 숨은 곳에서 함부로 나오지 않는 것이 좋습니다. 일단 911에 전화했을 땐 'I hear someone breaking into my house.(누군가 저희 집에 침입한 소리가 들려요.)'라는 말부터 자동적으로 할 수 있어야 하며, 'I can hear/see ～.(～이 들려요/보여요.)'와 같은 말로 상황 설명을 하고 'I'm scared to death.(무서워 죽겠어요.)'와 같이 불안한 심리 상태를 강조해서 말하면 됩니다.

- I hear someone breaking into my house.
  누군가 저희 집에 침입한 소리가 들려요.

- I'm scared to death. Please hurry.
  무서워 죽겠어요. 빨리 와 주세요.

- I can hear someone walking around.
  누군가 걸어 다니는 소리가 들려요.

- I'm in 숨어 있는 장소 . / Can I go out now?
  저 _____ 안에 있어요. / 저 지금 나가도 되나요?

> **VOCAB**
>
> break into ~ ～에 침입하다 be scared to death 무서워 죽을 지경이다 closet 옷장 police officer 경찰관 arrest 체포하다

I hear someone breaking into my house. I'm scared to death. Please hurry.

누군가 저희 집에 침입한 소리가 들려요.
무서워 죽겠어요. 빨리 와 주세요.

What room are you in now?

지금 어느 방에 있나요?

I'm in the closet of my bedroom and I can hear someone walking around.

제 방 옷장 안에 있고요,
누군가 걸어 다니는 소리가 들려요.

Stay on the phone with me and stay in the closet. The police officers will be there to save you like super heroes.

저랑 계속 통화하시면서
옷장 안에 계세요. 경찰이 그쪽으로 가서
슈퍼 히어로처럼 당신을 구할 겁니다.

I can hear the police officers outside arresting him. Can I go out now?

경찰들이 밖에 와서 그 사람을
체포하는 소리가 들려요.
저 지금 나가도 되나요?

아이들이 위험하게 논다고 신고하기

미국에서는 아무리 어린아이들이라 하더라도 BB탄 총과 같은 위험한 장난감을 가지고 놀다 사람이 있는 곳을 향해 쏘는 위험한 행동을 하면 바로 911에 신고를 넣고 경찰이 즉각 출동하는 모습을 볼 수 있습니다. 따라서 동네에서 아이들이 BB탄 총을 가지고 놀다 혹여라도 나를 겨냥해 쐈다면(직접 맞지 않았다 해도 총알이 다른 물체에 맞아 퉁겨져 나온 걸 맞았을 때에도) 911에 전화를 걸어 'They shot at me.(애들이 저한테 쐈어요.), 사람 was/were hit when the BB ricocheted.(BB탄이 퉁긴 걸 ~이 맞았어요.)'와 같이 피해 상황을 설명하며 신고하면 됩니다.

- <u>사람</u> was/were playing with BB guns.
  _____가 BB탄 총을 가지고 놀고 있었습니다.

- <u>사람</u> shot at me.
  _____이 저한테 총을 쐈습니다.

- <u>사람</u> was/were hit when the BB ricocheted in.
  BB탄이 퉁긴 걸 _____이 맞았어요.

- I want you to give <u>사람</u> a harsh warning.
  _____에게 따끔하게 경고해 주셨으면 좋겠어요.

> **VOCAB**
>
> shoot (총 등을) 쏘다 injure 다치다 ricochet 퉁겨져 날아온 총알, ~에 맞고 퉁겨 나오다 assistance 도움, 지원 warning 경고

**A group of boys
in my neighborhood were
playing with BB guns and
they shot at me.**

동네에서 남자애들 한 무리가
BB탄 총을 가지고 놀면서
저한테 쐈습니다.

**Are you injured or was anyone
else injured in the shooting?**

부상을 당하시거나, 그밖에 총상으로
부상 당한 다른 사람이 있나요?

**Yes, my 3-year-old daughter.
She was sitting in her car seat and
was hit when the BB ricocheted in.**

네, 제 3살짜리 딸이요. 카 시트에 앉아 있었는데
BB탄이 튕긴 걸 딸애가 맞았어요.

**Does she need medical
assistance?**

아이에게 의료 조치가 필요한가요?

**Her eyes are swollen shut.
I want you to find them and
give them a harsh warning.**

딸 아이 눈이 부어서 뜰 수도 없습니다.
그 애들을 찾아 따끔하게 경고해
주셨으면 좋겠어요.

 **Scene 094**

노숙자가 나를 괴롭힌다고 신고하기

한국에서 미국으로 관광을 와서 돌아다니다, 혹은 익숙하지 않은 장소에서 노숙자에게 공격을 당했을 땐 직접 말싸움을 하며 이기려하기보다는 사람들이 있는 곳(ex: 주유소나 마트 등)으로 피해 신변을 보호하거나 911에 신고하는 것이 효과적입니다. 노숙자들도 경찰이 연루되면 골치 아픈 일을 겪어야 한다는 것을 잘 알기 때문에 이럴 땐 911에 전화해서 'A homeless man keeps harassing me.(한 노숙자가 저를 계속 괴롭힙니다.)'와 같이 신고한 후 현 위치가 어딘지 잘 모른다면 주변의 'landmark(주요 지형지물)'이 무엇인지 설명하며 와 달라고 요청하면 효과적입니다.

- **A homeless man keeps harassing me.**
  한 노숙자가 저를 계속 괴롭힙니다.

- **I/We feel threatened.**
  제가/저희 위협을 느끼고 있어요.

- **(I'm a tourist so) I don't know where we are.**
  (제가 여행객이라) 저희가 있는 곳이 어딘지 잘 모르겠어요.

- **I can see <u>주요 지형지물</u> (across the street).**
  (길 건너편에) _____가 보여요.

  VOCAB -

  homeless person 노숙자 harass 괴롭히다 yell 소리(고함)치다
  profanity 욕설 landmark 주요 지형지물 street sign 이정표

A homeless man keeps harassing me, yelling profanities at me and my little boy. We feel threatened.

한 노숙자가 저와 제 아들한테
욕설을 퍼부으면서 계속 괴롭힙니다.
저희 위협을 느끼고 있어요.

Where is your emergency?

사건(비상 상황) 발생 장소가 어딘가요?

Actually, I'm a tourist so I don't know where we are.

사실, 제가 여행객이라
저희가 있는 곳이 어딘지 잘 모르겠어요.

Got it. Do you see any landmarks around you?

알겠습니다. 혹시 주변에 눈에 띄는
주요 지형지물 같은 게 있나요?

I can see a 76 gas station across the street and the street sign saying 900S. Washington.

길 건너편에 76 주유소가 보이고
900S. 워싱턴이라고 쓰여진
이정표가 보입니다.

경미한 교통사고가 났다고 신고하기

미국에서는 가벼운 접촉 사고라 할지라도 'police report(경찰 신고)'를 하는 편입니다(단, 너무 가벼운 사고일 땐 당사자들끼리 정보 교환 후 보험사에 연락해 해결하는 일이 많음). 참고로 영어와 미국 생활이 아직 편치 않은 경우엔 경찰 신고 시 통역 서비스가 가능한지 묻고 이용할 수 있으며, 서비스는 무료입니다. 일단 911에 전화하면 'medical attention(치료)'가 필요한 사람이 있는지 파악한 후 신고에 필요한 경찰관이 파견되어 사고를 처리하게 되고, 덧붙여 사고 당사자들끼리 정보(보험, ID 등)를 교환한 다음 사고 현장 사진까지 잘 찍어 둬야 추후 원활한 처리에 도움이 됩니다.

- I'm calling to report a car accident on __도로명__ .

  _____에서 난 교통사고를 신고하려고 전화했습니다.

- Only the other driver and myself are involved.

  상대 운전자와 저만 연루돼 있습니다.

- I am __형용사__ and he/she seemed __형용사__ .

  저는 _____하고 그쪽은 _____해 보입니다.

- I was parked at __장소__ .

  저는 _____에 주차했었습니다.

> **VOCAB** ....
>
> medical attention 의료 조치, 치료 file a police report 경찰에 신고하다 at the curb 도로변(도로 경계석)에

**I'm calling to report
a car accident on Beverly and 3rd.**

Beverly와 3가에서 난 교통사고를
신고하려고 전화했습니다.

**Is there anybody who
needs medical attention?**

치료가 필요한 사람이 있나요?

**Not that I know of.
Only the other driver
and myself are involved.
I am fine and she seemed ok
when we exchanged information.**

제가 파악한 바로는 없습니다.
상대 운전자와 저만 연루돼 있고요.
저는 괜찮고, 저희끼리 정보를 교환할 때
그쪽도 상태가 괜찮아 보였어요.

**Good. I'll dispatch an officer
to you to file a police report.**

좋습니다. 경찰에 신고하실 수 있도록
경찰관을 파견하도록 하겠습니다.

**I was parked at the curb.
The other driver got too close
without noticing me.**

저는 도로변에 주차했었고요. 상대 운전자가
저를 못 보고 너무 가까이 접근했습니다.

 **Scene 096**

 MP3 096

옆에서 난폭 운전을 한다고 신고하기

운전을 하다 보면 내게 너무 가까이 붙어 운전하거나 혹은 앞쪽으로 거칠게 끼어들기를 시도하는 등 너무 난폭하게 운전하여 내게 위협을 느끼게 하는 사람이 있을 수 있습니다. 이럴 때 911에 전화하여 한 난폭 운전자가 'keep cutting in front of me(계속 내 앞에 난폭하게 끼어든다), keep driving too closely to me(내게 너무 바짝 붙어 운전한다)'와 같이 현재 처한 상황을 설명하면, 내가 이용하고 있는 통신사의 '응급 상황 시 추적 서비스'를 이용하여(미국에선 전화기 개통 시 이 같은 서비스를 신청할 수 있음) 내 위치를 파악 후 경찰을 파견해 도움을 줄 수 있습니다.

- **A reckless driver has been following me.**
  한 난폭 운전자가 저를 따라오고 있어요.

- **He/She keeps cutting in front of me recklessly.**
  이 사람이 계속해서 제 앞에 난폭하게 끼어들어요.

- **He/She keeps driving too closely to me.**
  이 사람이 계속해서 저한테 너무 바짝 붙어서 운전해요.

- **I feel extremely threatened and unsafe.**
  정말 극도로 위협이 느껴지고 불안합니다.

VOCAB

reckless 난폭한 track 추적하다 phone provider 전화 통신사 cut in front of ~ ~ 앞에 끼어들다 extremely 극도로 unsafe 불안한

A reckless driver has been following me down the street and scaring me for over 30 minutes.

한 난폭 운전자가 30분 넘게 도로에서
저를 따라오며 겁을 주고 있어요.

We can track your location by emergency service from your phone provider and I will send the police out to you.

선생님의 통신사 응급 서비스로 위치 추적이
가능하니 선생님께 경찰을 보내겠습니다.

He keeps cutting in front of me recklessly or driving too closely to me.

계속해서 제 앞에 난폭하게 끼어들거나
저한테 너무 바짝 붙어서 운전해요.

Put your phone on speaker and try to pull over as soon as you find a safe place.

전화를 스피커폰으로 켜 두시고, 안전한
곳을 찾자마자 차를 대도록 하세요.

I will but I feel extremely threatened and unsafe.

그러겠지만 정말 극도로
위협이 느껴지고 불안합니다.

Review & Practice

① _____

(신고1) 누가 집에 침입한 소리가 들려요. 빨리 와 주세요.

_____ ②

저랑 계속 통화하세요. 경찰이 그쪽에 가서 당신을 구할 겁니다.

③ _____

(신고2) 남자애들 한 무리가 BB탄 총을 가지고 놀며 제게 쐈어요.

_____ ④

부상 당하시거나 그밖에 총상으로 부상 당한 다른 이가 있나요?

⑤ _____

BB탄이 튕긴 걸 제 3살짜리 딸애가 맞았어요.

_____ ⑥

(신고3) 한 노숙자가 제게 욕설을 퍼부으며 계속 괴롭힙니다.

⑦ _____

사건(비상 상황) 발생 장소가 어딘가요?

_____ ⑧

길 건너편에 76 주유소가 보이고, XY가 써진 이정표가 보여요.

⑨ _____

(신고4) XZ와 3가에서 난 교통사고를 신고하려고 전화했습니다.

_____ ⑩

경찰에 신고하실 수 있도록 경찰관을 파견해 드리겠습니다.

⑪ _____

(신고5) 한 난폭 운전자가 계속 제게 바짝 붙어 운전합니다.

_____ ⑫

전화를 스피커폰으로 하시고, 안전한 곳을 찾자마자 차를 대세요.

정답

① I hear someone breaking into my house. Please hurry.

② Stay on the phone with me. The police officers will there to save you.

③ A group of boys were playing with BB guns and they shot at me.

④ Are you injured or was anyone else injured in the shooting?

⑤ My 3-year-old daughter was hit when the BB ricocheted in.

⑥ A homeless man keeps harassing me, yelling profanities at me.

⑦ Where is your emergency?

⑧ I can see a 76 gas station across the street and the street sign saying XY.

⑨ I'm calling to report a car accident on XZ and 3rd.

⑩ I'll dispatch an officer for you to file a police report.

⑪ A reckless driver keeps driving too closely to me.

⑫ Put your phone on speaker and try to pull over as soon as you find a safe place.

MISSION 17

911(응급)

사이렌이 울리면
모세의 기적이
일어나는 거리

▶ 사이렌이 울리면 모든 차들이 길가 옆으로 비켜나는 미국

절체절명의 순간에 인명을 구하고자 경찰차, 소방차, 구급차가 사이렌을 켜고 도로 위를 달리면, 미국에서는 모든 차량들이 길가 옆쪽에 차를 대고 멈춰 서서 이들이 최대한 빨리 현장에 도착하여 인명을 구할 수 있도록 협조합니다. 이는 법으로도 정해져 있을 뿐만 아니라 모든 시민들이 당연히 지켜야 한다고 굳게 믿고 있는 일반 상식이기도 하며, 이를 위반할 시엔 당연히 처벌을 받게 됩니다.

▶ 못 듣는 것이 불가할 정도로 엄청나게 큰 사이렌 소리

미국의 경찰차, 소방차, 구급차는 이들이 지나간다는 사실을 다른 차량들에게 알리고자 사이렌을 엄청나게 크게 울립니다. 마치 귀가 찢어질 듯한 경적 소리만큼 크며, 대화하고 있던 옆 사람의 말소리가 전혀 들리지 않을 정도입니다. 조사 기관에 따르면 사이렌의 데시벨이 천둥이 칠 때와 비슷한 120데시벨 정도라고 합니다. 참고로 사이렌을 울릴 땐 라이트부터 켜서 급박함을 알린 후 이를 울리는데, 상황이 아주 급박하지 않은 경우엔 라이트만 켜고 사이렌은 울리지 않습니다. 라이트만 켜고 지나갈 땐 차량을 길가에 세우지 않아도 됩니다.

▶ 경찰이 따라와 차를 세우라고 할 땐 반드시 명령에 따를 것!

덧붙여 도로 위에서 간혹, 내가 딱히 교통법을 위반한 게 없어도 경찰이 내 뒤를 따라올 때가 있습니다. 이는 경찰이 내 차의 번호판을 조회하고 있는 것이라 생각하면 되며, 문제가 없을 경우 어느 정도 쫓아오다가 그냥 돌아가지만 갑자기 사이렌을 짧게 키면서 스피커로 내게 차를 옆쪽에 세우라고 명령할 때가 있습니다. 이럴 땐 어떤 경우가 되었든 반드시 차를 세운 뒤 밖으로 나오지 말고 핸들 위에 두 손을 올려 놓은 채 경찰을 기다려야 합니다. 만약 이를 어기고 차 밖으로 나오거나 위협적인 행동으로 오해받을 짓을 하면 그 즉시 경찰이 총을 꺼내 상황을 진압하려고 할 수도 있습니다.

물에 빠진 사람이 있다고 신고하기

누군가 물에 빠져 위험한 상황에 처해 있다면 911에 전화를 걸어 'I heard ~ call out for help.(~가 도와 달라고 하는 걸 들었다.)'와 같이 신고하는 것은 기본일 것입니다. 그런데 만약 911 대원들이 오기 전 물에 빠진 사람을 건져 낸 상태라면 'He/She seems to be having trouble breathing.(이 사람 호흡에 문제가 있는 거 같아요.)'와 같이 현 상태가 어떤지 상세히 설명하고, 그러면 911 상담원이 'lay him/her on a flat surface(그 사람을 평지에 눕혀라), do CPR until the paramedics arrive(응급 의료진이 도착할 때까지 심폐 소생술을 해라)'와 같은 필요한 처치를 상세히 설명해 줍니다.

- I heard 사람 call out for help.

  _____가 도와 달라고 하는 걸 들었어요.

- 사람 just pulled him/her out of the water.

  일단 _____가 이 사람을 물 밖으로 끌어냈어요.

- He/She seems to be having trouble breathing.

  이 사람 숨 쉬는 데(호흡에) 문제가 있는 거 같아요.

- I'm afraid we might lose him/her.

  이 사람을(이 사람 생명을) 잃게 될까 봐 두려워요.

> **VOCAB**
>
> call out for ~ ~을 요청하다 lifeguard 안전 요원 have trouble V-ing ~하는 데 문제가 있다 CPR 심폐 소생술 paramedic 응급 의료원

I heard a little boy call out for help while I was walking around ABC lake.

ABC호 주변을 걷고 있는데 어떤 남자애가 도와 달라고 하는 걸 들었어요.

Is there a lifeguard nearby or a life saver you can throw to him?

근처에 안전 요원이나 애에게 던질 수 있는 구조 장비 같은 게 있나요?

My husband just pulled him out of the water but the boy seems to be having trouble breathing. What should we do?

일단 남편이 애를 물 밖으로 끌어냈는데 호흡에 문제가 있는 거 같아요. 우리가 어찌해야죠?

Lay him down on a flat surface and do CPR until the paramedics arrive.

평지에 애를 눕히고 응급 의료진이 도착할 때까지 심폐 소생술을 하세요.

Ok, but please hurry. I'm afraid we might lose him.

알겠어요, 하지만 서둘러 주세요. 애를(애 생명을) 잃게 될까 봐 두려워요.

화상 당한 사람이 있다고 신고하기

화상을 입었을 땐 911에 즉각 신고하고 1차 조치(ex: 흐르는 찬물에 식히기)를 제대로 취해야 합니다. 참고로 화상 요인은 'fire(불), hot water(뜨거운 물)'과 같이 구체적인 물질을 지칭하기도 하지만 'heat source(열원: 화상을 입을 수 있는 위험 요인)'이라고도 지칭합니다. 이처럼 화상을 입어 911에 전화했을 땐 'get a burn in/on 부위(~에 화상을 입다)'라는 표현으로 화상 부위를 말하고, 상황이 심각할 경우 'He/She is in terrible pain.(이 사람이 너무 아파해요.), Is an ambulance on the way?(앰뷸런스가 오고 있는 중인가요?)'와 같이 긴급한 정황을 설명하며 빠른 처리를 요청하면 됩니다.

- <u>사람</u> got a (steam) burn in/on <u>부위</u>.
  _____이 (수증기 때문에) _____에 화상을 입었어요.

- He/She is in terrible pain. What should I do?
  이 사람이 너무 아파해요. 제가 어떻게 해야 할까요?

- Cool the burn with cold running water.
  흐르는 차가운 물로 화상 부위를 식히세요.

- Is an ambulance on the way?
  구급차가 오고 있는 중인가요?

> **VOCAB**
>
> get a burn 데이다, 화상을 입다 prevent 예방/방지하다 running water 흐르는 물 stick (달라)붙다 unless 만약 ~하지 않았다면

My husband got a steam burn on his eyes and his legs.

저희 남편이 수증기 때문에
눈과 다리에 화상을 입었어요.

OK. Did you remove the heat source to prevent further injury?

알겠습니다. 일단 추가 부상을 방지하도록
열원(화상 요인)은 치우셨나요?

**Yes, I did.
He is in terrible pain.
What should I do?**

네, 치웠어요. 남편이 너무 아파해요.
제가 어떻게 해야 할까요?

Cool the burn with cold running water and remove his clothing unless it is stuck to his skin.

흐르는 차가운 물로 화상 부위를
식히시고 옷이 피부에 달라붙어 있지
않다면 옷을 벗기도록 하세요.

OK. I will. Is an ambulance on the way?

알겠습니다. 그렇게 할게요.
구급차가 오고 있는 중인가요?

의식을 잃은 사람이 있다고 신고하기

어떠한 사유로 인해 누군가가 갑작스럽게 의식을 잃고 쓰러져 호흡 곤란 및 발진 등 위급 상황에 처했을 때에도 즉각 911에 신고해야 합니다. 그리고 신고했을 땐 최대한 구체적으로 환자의 증상을 설명해야 상담원이 효과적인 가이드라인을 제시하며 응급 의료진을 파견할 수 있습니다. 보통 사람이 의식을 잃고 쓰러졌을 땐 'faint(기절하다)'라는 단어로 표현할 수 있고, 이와 동반해 설명하게 되는 대표 증상들로는 'allergic(알레르기가 있는), one's breathing is labored(~의 호흡이 힘들다), turn pale(창백해지다), break out in hives(두드러기가 나다)' 등이 있으니 잘 기억해 두세요.

- **사람** just fainted!

  ＿＿＿＿＿가 방금 기절했어요!

- His/Her breathing is labored.

  이분이 숨쉬기 힘들어 합니다.

- His/Her face is turning pale.

  이분 얼굴이 창백해졌어요.

- He/She is starting to break out in hives.

  이분 두드러기가 나기 시작했어요.

> **VOCAB**
>
> faint 기절하다 be stung by ~ ~에 쏘이다 pale 창백한 break out in ~ (갑자기) ~이 잔뜩 나다 hive 두드러기 inject 주사를 놓다

My mom just fainted! She was stung by a bee and she's allergic!

저희 엄마가 방금 기절했어요!
벌에 쏘였는데 알레르기가 있거든요!

Your mom will be ok but I need you to stay calm. What is happening now?

어머니께선 괜찮을 거니 진정하세요.
지금은 어떻게 되고 있죠?

Her breathing is labored, her face is turning pale and she's starting to break out in hives.

숨쉬기 힘들어 하고요, 얼굴은 창백해졌고
두드러기가 나기 시작했어요.

Please stay on the line with me, OK? The paramedics will be there soon.

끊지 말고 저랑 계속 통화해요, 알았죠?
응급 의료진이 거기로 곧 갈 겁니다.

My mom carries an Epi Pen with her all the time for emergencies. Should I inject her with it now?

저희 엄마가 비상시에 대비해 항상 Epi Pen을
갖고 다녀요. 이걸 놔 드려도 될까요?

발작을 일으킨 사람이 있다고 신고하기

앞서 의식을 잃고 쓰러진 사람의 증상과 비슷하게, 누군가 갑자기 무너지듯 기절해 눈이 뒤집어진다거나 입에 거품을 물며 소위 '발작 증세'를 일으키는 응급 상황이 발생할 수 있습니다. 이럴 때 역시 911에 즉각 신고하여 응급 의료진이 올 수 있도록 조치를 취해야 하는데, 발작 증세를 911 상담원에게 묘사할 때 쓸 수 있는 대표적인 영어 표현들로는 'collapse(쓰러지다), have a seizure(발작을 일으키다), foam at the mouth(입에 거품을 물다), one's eyes roll back in one's head(눈이 뒤집히다), unresponsive(반응이 없는)' 등이 있으니 비상시에 대비해 잘 외워 두도록 하세요.

- 사람 is having a seizure.

  ＿＿＿＿＿이 발작을 일으켰어요.

- He/She is foaming at the mouth.

  이분이 입에 거품을 물고 있어요.

- His/Her eyes rolled back in his/her head.

  이분 눈이 머리 뒤로 돌아갔어요. (= 눈이 뒤집혔어요.)

- He/She is unresponsive.

  이분 반응이 없어요.

> **VOCAB**
>
> collapse 쓰러지다 right away 바로 walk A through B A에게 B를 차근차근 설명하다(알려 주다) be able to V ~할 수 있다

**My dad collapsed;
he is having a seizure and
foaming at the mouth.**

아버지께서 쓰러지셨는데, 발작을
일으키고 입에 거품을 물고 있어요.

**OK. I will send
an ambulance right away.**

알겠습니다. 바로 앰뷸런스를 보낼게요.

**His eyes rolled back in his
head and he's unresponsive.**

아버지 눈이 뒤집혔고 반응이 없어요.

**Put your phone on speaker
and I'll walk you through
how to do CPR. OK?**

알겠습니다. 선생님.
전화기는 스피커 폰으로 켜 두시고요,
제가 심폐 소생술 하는 방법을
차근차근 알려 드릴게요. 아셨죠?

**I've never done CPR before,
is that safe? I'm scared
I won't be able to help him.**

저는 심폐 소생술을 전에 해 본 적이
없는데, 이게 안전할까요? 아버지를
못 도와 드릴까 봐 겁이 납니다.

대형 교통사고가 났다고 신고하기

부상자가 발생할 정도의 심각한 교통사고라면 당연히 911에 신고부터 할 것입니다. 그런데 막상 이런 큰 사고를 겪게 되면 당황스러워 제대로 설명하지 못할 수 있는데요. 이럴 때를 대비해 도로상 위치를 설명하는 연습을 해 두는 것이 좋습니다. 고속 도로에서 사고가 났을 땐 'the 숫자 east/west/south/north(동쪽/서쪽/남쪽/북쪽 방향 ~번 도로)'와 같이 도로 번호 및 운전하던 방향을 말하면서 어떤 '출구(exit)'와 가까운지 설명하면 되고, 일반 도로에서 사고가 났을 땐 교차되는 두 개의 길 이름 혹은 주변에 있는 건물의 주소를 알려 주거나 눈에 띄는 건물을 중심으로 설명하면 됩니다.

- We're on __도로명__ , close to __장소__ .
  저희는 _____ 에 있고, _____ 와 가까워요.

- The other driver(s) is(are) unconscious.
  다른 운전자(들)은 의식이 없습니다.

- __운전자__ cut in front of the other car.
  _____ 가 다른 차 앞에 끼어들었어요.

- __운전자__ swerved into another lane and hit me.
  _____ 가 다른 차선으로 방향을 틀다가 저를 쳤어요.

> **VOCAB**
>
> unconscious 의식이 없는, 의식을 잃은 law enforcement 법 집행과 관련해 일하는 경찰, 검찰 swerve 방향을 바꾸다(틀다)

I'm calling to report a major car accident.

대형 교통사고가 나 신고하려고 전화했어요.

Where is your emergency?

사고(비상 상황)가 일어난 곳이 어디죠?

We're on the 5 south, close to exit B137. I think the other drivers are unconscious, their heads hit the air bags.

저희는 남쪽 방향 5번 도로인데 B137 출구와 가까워요. 다른 운전자들은 의식이 없는데 에어백에 머리를 부딪힌 것 같습니다.

I'll send out a medical team and law enforcement immediately. Can you see if anyone is severely injured?

의료진과 경찰관을 즉시 보내겠습니다. 혹시 심각하게 다친 사람이 보이나요?

I have no idea. One reckless driver cut in front of the other car, and the driver in front of him swerved into another lane and hit me.

모르겠어요. 한 난폭 운전자가 다른 차 앞에 끼어들었고, 그 사람 앞에 있던 운전자가 다른 차선으로 방향을 틀다 저를 쳤어요.

가정 폭력 및 아동 학대 신고하기

이웃집에서 가족에게 소리지는 소리, 싸우는 소리, 특히 어린 아이의 울음 소리 등이 들릴 경우 그냥 지나치지 말고 '가정 폭력이나 아동 학대'를 의심하여 911에 신고하는 것이 좋습니다. 참고로 911에 전화하여 신고할 땐 'I'm calling to report ~.(~을 신고하려고 전화했습니다.)'라는 문구에 신고 내용을 넣어 말하면 되는데, 응급 상황인 경우 위 말과 함께 곧바로 상세 정황을 설명하도록 합니다. 그리고 긴급한 문제 상황인 경우 911에 신고하면 응급의 정도에 따라 상담원이 경찰과 응급 요원들을 파견하고, 보통 수 분 이내로 현장에 바로 도착하여 문제를 처리하게 됩니다.

- I'm calling to report domestic violence.
  가정 폭력을 신고하려고 전화했습니다.

- 사람1 sounds drunk and is threatening 사람2 .
  _____가 술에 취한 것 같은데 _____을 위협하고 있어요.

- I hear fighting, yelling, and crying from 사람 .
  싸우고, 소리지르고, _____이 우는 소리가 들려요.

- I'm afraid the kid is being abused.
  애가 학대 당하고 있을까 봐 걱정됩니다.

VOCAB

domestic violence 가정 폭력 threaten 위협하다 drunk 술이 취한 be abused 학대를 당하다 dispatch 보내다, 파견하다

911, what's your emergency?

911입니다, 어떤 응급 상황이시죠?

I'm calling to report domestic violence at my neighbor's house. The man sounds drunk and is threatening his wife.

이웃집의 가정 폭력을 신고하려고 전화했습니다. 남자가 술에 취한 것 같은데 아내를 위협하고 있어요.

Does it sound like anyone needs medical assistance?

혹시 치료(의료 지원)가 필요한 사람이 있는 것 같나요?

Not sure but I hear fighting, yelling, and crying from this woman and a child. I'm afraid the kid is being abused.

확실치는 않은데 싸우고, 소리지르고, 여자 분과 아이가 우는 소리가 들려요. 애가 학대 당하고 있을까 봐 걱정됩니다.

What's their address? I'll dispatch the police and an ambulance.

거기 주소가 어떻게 되나요? 제가 경찰과 구급차를 보내겠습니다.

Review & Practice

① _____

(신고1) 남편이 눈에 화상을 입었어요. 어찌해야 하죠?

② _____

흐르는 차가운 물로 화상 부위를 식히세요.

③ _____

(신고2) 엄마가 방금 기절했어요! 숨쉬기 힘들어 하고요.

④ _____

응급 의료진이 거기로 곧 갈 겁니다. 진정하세요.

⑤ _____

(신고3) 아버지가 발작하면서 입에 거품을 물고 있어요.

⑥ _____

심폐 소생술 하는 법을 차근차근 알려 드릴게요, 아셨죠?

⑦ _____

(신고4) 대형 교통사고가 나 신고하려고 전화했어요.

⑧ _____

사고(비상 상황)가 일어난 곳이 어디죠?

⑨ _____

저희는 남쪽 방향 5번 도로인데 B123 출구와 가까워요.

_____ ⑩

(신고5) 남자가 술 취한 것 같은데 아내를 위협하고 있어요.

 ⑪ _____

혹시 치료가 필요한 사람이 있는 것 같나요?

_____ ⑫

싸우고, 소리지르고, 여자 분과 아이가 우는 소리가 들려요.

--- 정답 ---

① My husband got a burn on his eyes. What should I do?
② Cool the burn with cold running water.
③ My mom just fainted! Her breathing is labored.
④ The paramedics will be there soon. I need you to stay calm.
⑤ My dad is having a seizure and foaming at the mouth.
⑥ I'll walk you through how to do CPR, OK?
⑦ I'm calling to report a major car accident.
⑧ Where is your emergency?
⑨ We're on the 5 south, close to exit B123.
⑩ The man sounds drunk and is threatening his wife.
⑪ Does it sound like anyone needs medical assistance?
⑫ I hear fighting, yelling, and crying from this woman and a child.

MISSION 1
공항

MISSION 2
기내

MISSION 3
에어
비앤비

MISSION 4
호텔

MISSION 5
식당

MISSION 6
카페

MISSION 7
쇼핑

MISSION 8
미용실

MISSION 9
택배

MISSION 10
병원

MISSION 11
금융사

MISSION 12
보험사

MISSION 13
동네

MISSION 14
직장

MISSION 15
인간관계

MISSION 16
911
(일반)

MISSION 17
911
(응급)

Review & Practice

쓸만한 영어 표현 총정리

Review & Practice

① 교재에서 배운 표현들을 한눈에 훑어 보며 복습하세요.
② 생각나지 않는 표현이 있을 경우 박스(□)에 체크 표시를 해둔 뒤 표현이 나와 있는 페이지로 돌아가서 다시 공부하세요. 몇 번이고 곱씹으며 반복해서 공부해야 머릿속에 각인될 수 있습니다.

Mission 01 | 공항

□ We bumped you to a different flight.	20
□ The flight is overbooked.	20
□ I can't miss the flight.	20
□ Get me on any flight as long as I get to 장소.	20
□ When is the soonest I can be in 목적지?	22
□ Can you make sure that I get on 교통편?	22
□ We don't have any seats available.	22
□ I'm supposed to 동사 in 장소.	22
□ I'm going to lose 명사 that I paid for.	24
□ Will you give me a voucher for 명사?	24
□ I should be reimbursed for 명사.	24
□ How will you compensate me for 명사?	24
□ Excuse me, I'm late for my flight.	26
□ Can you help me go to the front of the line?	26
□ My flight is leaving in 숫자 minutes.	26
□ Am I allowed to give you a tip?	26
□ I heard the last call for my flight to 목적지.	28
□ Is there any way you can 동사?	28
□ I don't have time to run to my gate.	28
□ Would you mind giving me a ride?	28

Mission 02 | 기내

Mission 03 | 에어비앤비

Mission 04 | 호텔

Mission 05 | 식당

Mission 07 | 쇼핑

Mission 08 | 미용실

Mission 09 | 택배

Mission 13 | 동네

Mission 14 | 직장

Mission 15 | 인간관계

Mission 17 | 911(응급)

MEMO

MEMO

좋은 **책**을 만드는 길
독자님과 **함께**하겠습니다.

미국에서 기죽지 않는 쓸만한 영어 [문제해결 필수 배틀회화]

초판6쇄발행	2024년 03월 15일
초 판 발 행	2020년 06월 15일
발 행 인	박영일
책 임 편 집	이해욱
저 자	Sophie Ban
영 문 감 수	Elizabeth Nicole Williams
편 집 기 획	심영미
표지디자인	조혜령
편집디자인	임아람 · 하한우
일 러 스 트	이지윤
발 행 처	시대인
공 급 처	(주)시대고시기획
출 판 등 록	제 10-1521호
주 소	서울시 마포구 큰우물로 75 [도화동 538 성지 B/D] 9F
전 화	1600-3600
팩 스	02-701-8823
홈 페 이 지	www.sdedu.co.kr
I S B N	979-11-254-7285-8(13740)
정 가	14,000원